dtv

Die Autorinnen und Autoren von ›P.M. History‹ verstehen es hervorragend, auf der Basis seriösen Fachwissens Geschichten zur Geschichte zu erzählen.

Historische Ereignisse, Biografie und Lebenswerk einer historischen Persönlichkeit werden nicht mit akademischem Abstand, sondern aus einer menschlichen Perspektive dargestellt. Was bewegte die Menschen, wie war ihr Alltag, wie haben sie als Zeitgenossen geschichtliche Umwälzungen erlebt? So wird auf der Basis aktueller historischer Erkenntnisse die Vergangenheit mit Leben erfüllt.

Als Pharao Ramses gegen die Hethiter zog

Geschichten zur Geschichte

Mit farbigen Abbildungen

Herausgegeben von Ernst Deissinger
und Sascha Priester

Ein P. M. History-Buch

Deutscher Taschenbuch Verlag

Dieser Band erscheint in der Reihe ›Geschichten zur Geschichte‹, die ›P.M.History. Das große Magazin für Geschichte‹ im Deutschen Taschenbuch Verlag veröffentlicht.

Originalausgabe
November 2004

www.dtv.de
P. M. History ist eine Zeitschrift der Gruner & Jahr AG & Co. KG
(Redaktionsleiter: Ernst Deissinger, Stellvertreter: Dr. Sascha Priester)

Umschlagkonzept: Balk & Brumshagen
Umschlagbild: © »Schlacht Ramses II. – Miamoun gegen die Hethiter
an der Grenze am Orontes« (1879) (© bildarchiv steffens/Bridgeman Art
Library Ltd.)
Satz: Greiner & Reichel, Köln
Gesetzt aus der Concorde 8,8/12˙ und der Univers Condensed
Druck und Bindung: APPL, Wemding
Gedruckt auf säurefreiem, chlorfrei gebleichtem Papier
Printed in Germany · ISBN 3-423-34147-5

Inhalt

Ulrich Doenike: Vom Aufstieg des Menschen und vom Niedergang der Mammuts – der harte Kampf ums Überleben in der Welt der Eiszeit ... 7

Stefan Primbs: Druiden, Hinkelsteinmetzen und Sonnenanbeter – das Rätsel um den Steinkreis von Stonehenge ... 19

Sascha Priester: Giganten für die Ewigkeit – durch ihre Gräber wurden Ägyptens Könige unsterblich ... 31

Wulf Bröning: Er feierte eine Niederlage als seinen größten Sieg – Ramses II. und sein Feldzug gegen die Hethiter ... 41

P. J. Blumenthal: Geheimnisvolle Kulte um Fruchtbarkeit, Geburt und Tod – die Mysterien bei Griechen und Römern ... 51

Antje Windgassen: Caesar und die Frauen – der Kampf um Sex, Geld und Macht im alten Rom ... 61

Leo Sillner: Nach ihrem Tanz forderte sie den Kopf des Johannes – Salome, Herodes und der fromme Prediger aus der Wüste ... 71

Ernst Deissinger, Sigurd Merker: Mit Gott und Schwert schuf er sein Reich – Karl der Große und das Werden Europas ... 79

Armin M. Brandt: Die Goldgier trieb sie ins Verderben – deutsche Abenteurer auf der Suche nach El Dorado ... 91

Monika Weiner: Vom Steinmetz zum Superstar – das ruhelose Leben des Michelangelo Buonarroti ... 103

Peter Boccarius: »Gestatten, Baron Münchhausen!« – die wahre Geschichte eines Meisterlügners ... 113

Ralph Kreuzer: Amor, Tod und Teufel – das Leben des Dichters Paul Verlaine schockierte die Pariser Gesellschaft ... 123

Anna Maria Sigmund: Der Fall »Geli Raubal« – das tragische Leben und Sterben von Adolf Hitlers Nichte ... 133

Sven Parplies: Das verhängnisvolle Erbe des John F. Kennedy – wie sich Amerika in den Vietnam-Krieg verstrickte ... 147

Bildnachweis ... 159

Vom Aufstieg des Menschen und vom Niedergang der Mammuts

Der harte Kampf ums Überleben in der Welt der Eiszeit

Von Ulrich Doenike

Eine kleine Gruppe von Mammuts steht an der Wasserstelle und labt sich am klaren, erfrischenden Nass. Die fast baumlose Landschaft im Südosten Englands scheint friedlich. Doch plötzlich stürmen von zwei Seiten gedrungene Gestalten bis auf wenige Meter an die Mammuts heran. Es sind Neandertaler. Mit ihren kräftigen, muskulösen Armen schleudern sie Speere mit messerscharfen Steinspitzen auf die Tiere. Die getroffene Leitkuh wirft ihren Rüssel nach oben und trompetet ihren Schmerz heraus. Wütend stampft sie auf einen der Jäger zu. Der rammt furchtlos seinen Speer mit dem stumpfen Ende schräg in den Boden und lässt das Mammut in die zweiseitig behauene Feuersteinklinge laufen. Die Speerspitze bohrt sich tief in die Brust des schwarzbraun behaarten Riesen. Seine Beine knicken ein, und sofort stürzen sich weitere, mit Steinäxten bewaffnete Männer auf das Tier und metzeln es nieder. So ähnlich könnte sich eine Jagdszene vor rund 50 000 Jahren nahe der heutigen Stadt Thetford in der Grafschaft Norfolk ereignet haben. Ein Arbeiter war dort kürzlich in einem Steinbruch auf Tierknochen und einen Faustkeil gestoßen. Er zeigte seinen Fund Bill Boismier vom Archäologischen Amt Norfolk. »Ich musste mich erst mal hinsetzen«, staunte Boismier über die Entdeckung.

Inzwischen legen Archäologen den Steinbruch systematisch frei. Bisher stießen sie auf 129 Artefakte, darunter viele Feuersteinmesser und acht sorgfältig gearbeitete Steinäxte. Zutage gefördert wurden ebenfalls die Knochen von vier Mammuts, einschließlich ihrer zwei Meter langen Stoßzähne, sowie Zähne eines eiszeitlichen Nashorns und ein Rentiergeweih. In einem Mammutschädel steckte noch eine Axt. Nach Ansicht der Wissenschaftler deuten alle Spuren darauf hin, dass hier vor rund 50 000 Jahren Neandertaler Mammuts gezielt gejagt und die Beute an Ort und Stelle mit ihren Steinwerkzeugen zerlegt haben. Wie ihre Beutetiere waren auch die Neandertaler hervorragend an das unwirtliche Klima der Eiszeit angepasst. Das scheint erstaunlich, stammen beider Vorfahren doch aus dem warmen Afrika. Dort, im Schmelztiegel der Evolution, lebten vor etwa sechs Millionen Jahren die frühesten Formen der Mammuts, die echten Elefanten. Sie entstammten vermutlich der Familie der Stegodonten, die zur Ordnung der Rüsseltiere mit ihren charakteristischen Merkmalen Rüssel und Stoßzähnen gehörten und in Südostasien und Afrika heimisch waren.

Vor etwa vier oder fünf Millionen Jahren spaltete sich in Afrika die Abstammungslinie der Elefanten in drei Hauptzweige auf. Aus ihnen gingen die heute noch lebenden Afrikanischen und Indischen Elefanten sowie die Mammuts hervor. Während die Afrikanischen Elefanten in der Heimat blieben, zog es die Indischen nach Asien. Die Mammuts dagegen wanderten gen Norden, ins ferne Sibirien und nach Europa. Über die Gründe sagt der Bonner Paläontologe Wighart von Koenigswald: »Jede Tierpopulation produziert normalerweise mehr Nachkommen, als ihr Verbreitungsgebiet ernähren kann. Ein Teil dieses ›Bevölkerungsüberschusses‹ weicht deshalb in neue Gebiete aus, und so werden alle zugänglichen, nutzbaren und klimatisch erträglichen Regionen besiedelt.«

In Europa erschienen die ersten Mammuts vor drei bis zweieinhalb Millionen Jahren. Wahrscheinlich hatte sie ihre Wanderung durch den Mittleren Osten und die Türkei geführt. Nach England gelangten sie trockenen Fußes – der Ärmelkanal entstand erst vor rund 500 000 Jahren. Das Klima war mild, genauso warm oder noch wärmer als heute. Mammuthus meridionalis, der Südelefant, gedieh prächtig und entwickelte sich zu einem gewaltigen Burschen von vermutlich zehn Tonnen Gewicht. Nach den rekonstruierten Skeletten waren diese ursprünglichen Mammuts mit einer Höhe von über vier Metern größer als heutige Elefanten. Annähernd zwei Millionen Jahre lang zupfen sie nun in Eurasien die weichen Blätter von den Bäumen und Büschen. Dann ändert sich vor etwa einer Million Jahren das Klima: Die Erde kühlt zunehmend ab. Das Gebiet mit ausgiebigem Baumbestand verwandelt sich in eine offene Graslandschaft. Auch die Mammuts müssen sich dem veränderten Nahrungsangebot anpassen. Die Evolution nimmt sich Zeit: Sie wan-

„Nach England gelangten sie trockenen Fußes … “

delt das ursprüngliche Mammut zum Steppenmammut (M. trogontherii) um, das nun überwiegend Gras und Sträucher frisst. Kürzlich im Nordosten Sibiriens entdeckte Fossilien deuten darauf hin, dass dieser evolutionäre Wandel von dort ausgegangen ist.

So könnte das Steppenmammut vor etwa einer Million Jahren in Sibirien entstanden und dann nach Europa gewandert sein, als sich das kalte Klima nach Süden ausbreitete. Nach und nach eroberte es den Lebensraum des Südelefanten. Der Bestand dieses Wärme liebenden Waldbewohners sank dramatisch, bis er schließlich ausstarb. Aber die Tage des Steppenmammuts waren gleichfalls gezählt, denn auch ihm wurde die zunehmende Kälte zum Verhängnis. Und wiederum im Nordosten Sibiriens entstand in einem letzten Anpassungsprozess das wollhaarige Mammut. Der Göttinger Zoologe Johann Friedrich Blumenbach hatte 1799 in aufgefundenen Knochen erstmals eine eigenständige, ausgestorbene Elefantenart vermutet und ihr den Namen Elephas primigenius (der Erstgeborene) gegeben. Später stellte sich zwar heraus, dass dieser »Erstgeborene« der Letzte in der Ahnengalerie der Mammuts war. Dennoch blieb sein Name in der wissenschaftlichen Nomenklatur als »Mammuthus primigenius (Blumenbach)« erhalten. Fossilien belegen seine Existenz in Europa vor 250 000 Jahren. Es ist das Wollhaarmammut der Eiszeit: Sein dichtes, braunschwarzes Fell, lange Haare, dicke Haut und ein enormes Unterhautfettgewebe haben es optimal gegen extreme Kälte gewappnet. Nicht größer als heutige Elefanten, wiegt es mit vier bis sechs Tonnen wesentlich weniger als seine Vorgänger. Um an Nahrung zu gelangen, schiebt es Harsch und Schnee mit seinen spiralig gewundenen und stark gekrümmten Stoßzähnen weg. Diese erlangten oft ein stattliches Format: Der bislang weltweit größte Stoßzahn mit 4,9 Meter Länge und 84 Kilogramm Gewicht wurde in Sibirien gefunden.

„Die Evolution nimmt sich Zeit …“

Während des Eiszeitalters, das vor rund 1,8 Millionen Jahren begann, wechselten immer wieder Warm- und Kaltzeiten einander ab. Zu Beginn der letzten Eiszeit vor rund 110 000 Jahren hatten sich die »Wollhaarigen« in einer weitläufigen, größtenteils baumlosen »Mammutsteppe« ausgebreitet, die sich von den Britischen Inseln bis nach Ostsibirien erstreckte. Neben Wollnashorn, Höhlenbär, Wildpferd, Wisent, Moschusochse und Rentier lebten hier lange schon Geschöpfe, die auf zwei Beinen liefen – auch sie Nachfahren afrikanischer »Auswanderer«. Spätestens vor zwei Millionen Jahren hatten diese Frühmenschen des Typs Homo erectus (aufrecht gehender Mensch) den afrikanischen Kontinent in Richtung Norden verlassen. Die Vorhut kam wegen des eisigen Klimas zunächst nur bis Südeuropa. Vor 700 000 Jahren hatte sich die Truppe jedoch schon als Heidelberg-Menschen (Homo heidelbergensis) in Mitteleuropa festgesetzt. Der Name stammt von einem Unterkiefer, der 1907 bei Heidelberg gefunden wurde.

Doch warum verließ Homo erectus Afrika? War es ein bewusster Exodus, oder wurde er vertrieben? »Vielleicht«, meint der US-Zoologe Peter D. Ward, »wanderten wir aus dem gleichen Grund wie andere Tiere; wir machten uns auf die Suche nach einem besseren Leben, nach Nahrung und Schutz, nach Gebieten mit weniger Konkurrenz… Was auch immer, wandern war ein Teil unseres Erbes.« Der Paläontologe von Koenigswald hält nichts von Spekulationen: »Beim Menschen kann man die Gründe für diese Wanderungen schwer ausmachen.« Und etwas ironisch fügt er hinzu: »Vielleicht gab's Streit mit den Nachbarn oder Krankheiten in der eigenen Gruppe, oder es war einfach nur menschliche Neugier.«

„Nachfahren afrikanischer Auswanderer …“

Vor etwa 500 000 Jahren begann jedenfalls in Europa die Entwicklung des Homo erectus zum Neandertaler. Vor rund 90 000 bis 30 000 Jahren lebten die an eiszeitliche Verhältnisse gut angepassten »klassischen Neandertaler«, nur 1,60 Meter groß und durchschnittlich 75 Kilogramm schwer. Sie waren kräftig gebaut und entwickelten mit ihren Muskeln eine enorme Kraft. Bevor die ersten Herden von Wollhaarmammuts durch die Steppen zogen, hatten die Neandertaler bereits Rot- und Damwild, Waldelefant, Bison, Elch, Bär sowie Wald- und Steppennashorn gejagt. Erschienen auf der Speisekarte der Neandertaler nun auch »Delikatessen vom Mammut«? Das ist anzunehmen. An vielen Lagerplätzen wurden neben Steinwerkzeugen auch Mammutknochen und Stoßzähne gefunden.

Mammuts waren die wirtschaftlichen Universaltiere der letzten Eiszeit: Sie nährten den Menschen mit Tonnen von Fleisch und Fett. Die Stoßzähne ergaben einen vielfach nutzbaren Werkstoff: Aus ihnen ließen sich Pfeilspitzen, Nähnadeln oder Pfrieme zum Durchbohren von

Fell und Leder herstellen. Das abgezogene Fell wurde für die Kleidung genutzt, die undurchdringliche Lederhaut als schützendes Dach über die Hütten der Mammutjäger gespannt. Vermutlich kannten die Menschen spätestens in der Jungsteinzeit einfache Gerbmethoden mit Urin zur Herstellung von Leder. Aus den aufgebrochenen Röhrenknochen saugten sie das fettreiche Mark. Das nicht sofort verzehrte Fleisch räucherten die Jäger über dem Feuer oder schnitten es in lange Streifen, um es an einem Gerüst an der Luft zu trocknen. Weil Holz in der Steppe knapp war, verfeuerten sie aufgeschlagene Mammutknochen. Die verkohlten Reste finden sich an ihren Lagerplätzen.

Diese Plätze liegen meist an den Flüssen. In Österreich zum Beispiel fanden Archäologen sie in der Wachau, von Krems bis Aggsbach, vor allem dort, wo kleinere Ströme der Donau zufließen. Vermutlich waren der Grund nicht nur Wildwechsel, die zu diesen Flussmündungen führten. Das Gebiet eignete sich auch in technischer Hinsicht hervorragend für die Jagd: Die Mammutherde wurde entweder in sumpfigem Gelände aufgestöbert oder dorthin abgedrängt. War die Oberfläche des Sumpfes mit einer leichten Eisschicht bedeckt, so trug das Eis zwar noch den Menschen, nicht aber die schweren Tiere. Sie brachen ein und konnten gefahrlos erlegt werden. Oder die Jäger belauerten die Herde, wenn sie in der Nähe eines Steilabhangs zur Tränke zog. Mit Feuer und Lärm schreckten sie die Tiere auf, die Mammuts stürmten in Panik den Abhang herab, stürzten, verletzten sich und wurden so zur leichten Beute. Diese beiden Arten der Jagd setzten natürlich Kommunikation, Organisation und einen Anführer voraus. Nach seinen Anweisungen mussten viele Treiber die Herde einkreisen. Zu ihrer Verständigung, so meint man heute, verfügten die Neandertaler über eine gut entwickelte Sprache. Im sumpfigen Tal des Flüsschens Perschling bei Herzogenburg (Österreich) fanden Archäologen ein solches Gebiet, das es erlaubte, die Jagdmethoden zu rekonstruieren: Das getötete Mammut wurde von den Jägern gleich an Ort und Stelle zerlegt. Nur die »Leckerbissen« schafften sie ins Lager, weshalb kein einziges komplettes Skelett geborgen wurde; man fand immer bloß Stapel gleichartiger Knochen, die von den offenbar besonders geschätzten

„Aus den Röhrenknochen saugten sie das fettreiche Mark …“

Fleischteilen stammten. Vor allem schwächere und junge Tiere waren eine leichte Beute, wie die Knochenfunde zeigen.

Aufsehen erregten immer wieder Funde von Mammuts, die vollständig erhalten aus dem Dauerfrostboden Sibiriens auftauchten. Berühmtes Beispiel: das »Beresowka-Mammut«, weltweit der vollständigste Fund eincs erwachsenen Mammutkadavers. Er wurde Ende 1901 am Ufer der Beresowka in Nordostsibirien aus dem Eis gehackt. 44 000 Jahre hatte der Bulle in seinem eisigen Grab gelegen. Offenbar überraschte ihn der Tod mitten im Fressen: »In seinem Maul, auf der wohl erhaltenen Zunge und zwischen seinen Backenzähnen, fanden wir ungekautes Futter. Es bestand aus grünen Pflanzen und Gräsern.« So berichtete später Eugen W. Pfizenmayer, Oberpräparator des Akademie-Museums in St. Petersburg, über die Bergung des Eiszeitriesen. Dessen erigierter, 1,05 Meter langer Penis verriet, dass er vermutlich erstickt ist. Der transportabel zerlegte Kadaver gelangte auf Hunde- und Rentierschlitten nach Irkutsk. Dort stand ein Kühlwagen bereit, der an den nächsten Postzug angehängt wurde und am 18. Februar 1902 in St. Petersburg eintraf. Heute ist das sorgfältig zusammengesetzte Skelett der Stolz des Zoologischen Museums der Akademie der Wissenschaften in St. Petersburg. Ganz in der Nähe steht eine lebensgroße, mit Originalhaut und -haaren bekleidete Nachbildung.

> **„44 000 Jahre hatte der Bulle in seinem eigenen Grab gelegen …“**

Neben dem Beresowka-Mammut wurden bisher noch ein halbes Dutzend Eisleichen aus der Tiefkühltruhe Sibiriens geborgen. Verantwortlich für den perfekten Erhaltungszustand dieser »Mumien« sind die Eisschichten in den Ablagerungen, in denen sie »verpackt« waren: Das Eis trocknete den Boden aus und entwässerte die Kadaver. Westlich von Sibirien blieben von den Mammuts nur Knochen erhalten. In Predmosti (Mähren) etwa wurde ein riesiges Knochenlager mit den Resten von über tausend Mammuts freigelegt. Wie an der Perschling waren auch hier die Knochen oft getrennt nach Schädeln, Stoßzähnen, Rippen und Schulterblättern gestapelt. Auf dem »Mammutfriedhof« am Berelekh, nördlich des Polarkreises in Ostsibirien, ließ sich die Anhäufung von Mammutknochen in einer Flussschlinge auf natürliche Weise erklären: Das Fehlen kompletter Skelette legte nahe, dass die Tiere weiter flussaufwärts starben und ihre Knochen hier angeschwemmt wurden. Dennoch fand man in der Nähe Steinwerkzeuge und Mammutknochen mit Bearbeitungsspuren. Möglicherweise hatten sich die Menschen an angeschwemmten Kadavern »bedient«. Die Knochen dienten wegen der Holzknappheit in den Steppen als Brenn- sowie Baumaterial. An rund 15 Fundplätzen in Russland wurden über siebzig Hütten aus Mammutknochen freigelegt, im Westen vor allem entlang des Dnjepr und seiner Nebenflüsse. In der Ukraine stießen Archäologen auf mindestens fünf 15 000 Jahre alte Behausungen. Eine Hütte bestand aus etwa 385 Knochen, die insgesamt 21 Tonnen wogen.

Knochenreste von rund hundert Mammuts fanden sich auch in der Siedlung von Dolni Vestonice in Südmähren. Die dort entdeckte »Venus von Dolni Vestonice«, eine kleine Frauenstatuette aus gebranntem Ton, erlangte archäologische Berühmtheit. Die Leute von Dolni Vestonice und dem benachbarten Pavlov zelebrierten bereits Bestattungsrituale: In mehreren Gräbern hatten sie ihre Toten mit Mammutschulterblättern bedeckt. Das Mammut begleitete den Menschen also bis in den Tod. Aber es waren keine Neandertaler mehr, die in Dolni Vestonice ihre Toten zur letzten Ruhe betteten. Zu dieser Zeit hatte bereits Homo sapiens sapiens, der »verständige Mensch«, die Neandertaler abgelöst – auch er Nachfahre einer zweiten »Auswanderungswelle« aus Afrika. Diese anatomisch modernen Menschen – unsere Vorfahren – hatten vor 100 000 Jahren Afrika verlassen und waren vor etwa 40 000 Jahren in Mitteleuropa aufgetaucht. Dolni Vestonice dagegen wurde erst vor circa 26 000 Jahren besiedelt.

„Das Eis trocknete den Boden aus und entwässerte die Kadaver …“

Wie und warum die Neandertaler ausstarben, wird unter Wissenschaftlern weiterhin lebhaft diskutiert. Die jüngsten, mit der C14-Methode datierten Skelettreste von Neandertalern sind jedenfalls 32 000 bis 31 000 Jahre alt. Solche Altersbestimmungen sind erst durch die Radiokarbonmethode möglich geworden. Sie beruht darauf, dass alle Lebewesen Kohlenstoff (Carboneum = C) aufnehmen, und zwar in Form der beiden Isotope C12 und C14. Während C12 stabil bleibt, zerfällt C14 mit einer Halbwertszeit von 5730 Jahren zu nicht radioaktivem Stickstoff. Da nach dem Tod des Organismus kein neues C14 mehr aufgenommen wird, kann man am C14-Gehalt das Alter des Organismus bestimmen: Nach 5730 Jahren ist nur noch die Hälfte des ursprünglichen C14-Anteils vorhanden usw.

Die Neandertaler haben uns außer ihren Werkzeugen wenig hinterlassen. Ihre Nachfolger, die »verständigen Menschen«, waren bereits Künstler: Sie pinselten und ritzten Mammutabbildungen an Höhlenwände in Spanien, Frankreich und Russland und schnitzten oft winzige Mammuts aus Knochen, Stein, Geweih und Elfenbein. In der weitläufigen Höhle von Rouffignac in Südfrankreich fand sich nahezu die Hälfte der über 400 heute weltweit bekannten Mammutabbildungen – eine einmalige Anhäufung von Gravierungen und schwarzen Zeichnungen. Ob die Eiszeitkünstler nur die gejagten und essbaren oder alle Tiere ihrer Umwelt abgebildet haben, bleibt ebenso unklar wie die ideelle Bedeutung der Bilder. Außer in Westeuropa und im Ural fanden sich bislang nur auf einer Felswand oberhalb des Colorado im US-Bundesstaat Utah Darstellungen von Mammuts. Hier wurden, bislang einmalig in Nordamerika, in den Fels gemeißelte Figuren entdeckt. Sie zeigen vermutlich Nordamerikanische Mammuts (M. columbi) oder Mastodonten, entfernte Verwandte davon.

„Die jüngsten Skelettreste von Neandertalern sind 32 000 bis 31 000 Jahre alt …“

Auch der amerikanische Zweig der Mammutfamilie hatte sich aus dem ursprünglichen Mammut (M. meridionalis) entwickelt. Bereits vor etwa 1,5 Millionen Jahren zogen diese Tiere aus Sibirien kommend nach Osten. Sie gelangten über die damals vorhandene Landbrücke (Beringia) zwischen Sibirien und Alaska nach Nordamerika und breiteten sich über einen Großteil der heutigen USA bis hin nach Mexiko aus. Ihnen folgte vor etwa 100 000 Jahren ebenfalls über Beringia das wollhaarige Mammut. Es besiedelte in Nordamerika dieselben Breiten und Lebensräume wie in der Alten Welt, während M. columbi mehr im Süden heimisch wurde. Dann ging die Eiszeit vor etwa 11 000 Jahren zu Ende, und plötzlich begann das große Sterben: Das wollhaarige und das Nordamerikanische Mammut, aber auch zahlreiche andere Großsäuger verschwanden von der Erde. Was war geschehen? Noch immer haben die Wissenschaftler keine eindeutige Erklärung für dieses Artensterben. Sie stimmen aber darin überein, dass sich die Ursachenforschung heute auf die simple Frage verkürzt hat: »Mensch oder Klima?«

Wenn es nach einigen US-Wissenschaftlern geht, dann hat zumindest in Amerika Homo sapiens sapiens die großen Säugetiere auf dem Gewissen. Es waren die Clovis-Leute aus Sibirien, die vor 15 000 Jahren oder noch früher über Beringia nach Nordamerika einwanderten. Der Name stammt von dem Ort Clovis in New Mexico, wo zum ersten Mal ihre typischen Speerspitzen gefunden wurden. Die Clovis-Menschen »entwickelten sich zweifellos zu einer der effektivsten Jägergemeinschaften, die jemals auf diesem Planeten gelebt haben«, glaubt Peter D. Ward von der Washington University in Seattle. Folgt man den Argumenten von Paul Martin von der Universität von Arizona, dann müssen diese Siedler allerdings wahre »Massenmörder« gewesen sein. Martin vertritt die »Overkill«-Hypothese: Danach haben die Clovis-Leute mit ihrem jägerischen Können und ihren hervorragenden steinernen Speerspitzen die Säugerherden in einer Art »Blitzkrieg« dezimiert, so dass sie schließlich ausstarben.

Nun gibt es aber in den USA gerade ein Dutzend Fundplätze, wo man Clovis-Speerspitzen zusammen mit Überresten von Mammuts entdeckt hat. Und nur einer, am Ufer des San-Pedro-Flusses im südlichen Arizona, scheint zu belegen, dass Mammuts tatsächlich gejagt wurden. Hinzu kommt, dass aus dem dünn besiedelten Sibirien wohl keine riesige Armee von Clovis-Leuten aufbrach, um dem Mammut in Nordamerika den Garaus zu machen. Nach Schätzungen von Wissenschaftlern lebten in Europa vor 30 000 Jahren auf einer Fläche so groß wie Deutschland nie mehr als 4000 Menschen. Selbst wenn die Zahl der Clovis-Leute zehnmal größer gewesen wäre, hätte sie wohl kaum ausgereicht, um Nordamerika mit einem »Blitzkrieg« gegen Mammuts und andere große Säugetiere zu überziehen. »Obwohl man also nicht ausschließen kann, dass in Amerika regelmäßige Jagdzüge auf Mammuts stattfanden, sind die eindeutigen Belege dafür spärlich«, stellen die beiden Mammutforscher Adrian Lister und Paul Bahn deshalb fest. »Noch unsicherer ist, ob in Eurasien die Jagd möglicherweise zum Untergang der Mammuts und anderer großer Säugetiere beigetragen hat.«

„Plötzlich begann das große Sterben …“

Die Altersbestimmung an den jüngsten Mammutfossilien rund um die Welt belegt, dass die Eiszeitriesen nicht überall zur selben Zeit ausgestorben sind: Die am weitesten südlich lebenden Populationen, etwa in China, verschwanden bereits vor rund 20 000 Jahren. In Europa und vermutlich auch im größten Teil Sibiriens starben die meisten Mammuts vor 12 000 Jahren aus, einige überlebten im nördlichen Sibirien bis vor 10 000 Jahren. Und ein auf der arktischen Wrangel-Insel isoliertes Mammutvölkchen hielt sogar noch sechstausend Jahre länger durch: Russische Forscher entdeckten dort Überreste, deren Alter sie auf 7000 bis 3700 Jahre datieren. In Nordamerika existierte das wollhaarige Mammut nach jüngsten Erkenntnissen bis vor etwa 11 000 Jahren.

Als die Eiszeit recht abrupt endete, kam es zu einem dramatischen Klimawandel. Die Nordhalbkugel erwärmte sich ungleich schneller als in den Jahrtausenden davor. Von Süden und Osten her verbreiteten sich Wälder über Europa und verdrängten die Mammutsteppe. Im Norden wurde sie durch eine sumpfige Tundra, im Süden durch Laub- beziehungsweise Nadelwald ersetzt. Es entstanden für das Mammut lebensfeindliche Vegetationsgürtel und das offene Grasland wurde immer knapper. Den braunen Riesen blieb keine Zeit, meinen die Vertreter der Klimatheorie, ihre Fressgewohnheiten so schnell an die neue Vegetation anzupassen – sie starben aus. »Eine Population von Tieren, die unter Stress gerät, reduziert ihre Nachkommenschaft«, erklärt Wighart von Koenigswald. Bei Nahrungsmangel pflanzen sich auch Elefanten nur unregelmäßig fort, da es sinnlos ist, Jungtiere in die Welt zu setzen, wenn die alten hungern. Auch das Nordamerikanische Mammut verlor seine natürlichen Lebensräume südlich der Eisdecken. Die »Parkvegetation der Eiszeit« aus Gräsern, Sträuchern, Kräutern und Bäumen – Lebensgrundlage von M. columbi – war weitgehend verschwunden. An ihrer Stelle wuchsen dichte Wälder; der Südwesten hatte sich in eine Halbwüste verwandelt.

„Eine Population von Tieren, die unter Stress gerät, reduziert ihre Nachkommenschaft …“

Eine etwas skurrile Hypothese über die Gründe des Aussterbens vertrat der Paläontologe Jim Mead vom Mammutmuseum in Hot Springs im US-Bundesstaat South Dakota: Die Wärme der Nacheiszeit habe die an Kälte angepassten Tiere unfruchtbar gemacht. Es sei den Mammuts ergangen wie dem Eisbären im afrikanischen Zoo: »Mama kann keine richtigen Eizellen mehr bilden und Papa geht der Samen aus.« Die Natur ist immer konsequent: Sterben mehr Tiere als geboren werden, verringert sich ihre Gesamtzahl recht schnell – nach wenigen Generationen verschwindet die Art von der Erde, wie zahllose andere in den Jahrmillionen zuvor. So erging es auch den Mammuts.

Sollten sie aber doch nicht für alle Zeiten verschwunden sein? Seit wenigen Jahren verfolgen japanische Wissenschaftler ernsthaft die Idee, das Mammut wieder zum Leben zu erwecken. Sie suchen in Sibirien nach eingefrorenem Mammutsperma, mit dem eine Elefantenkuh befruchtet werden könnte. Ein passendes »Spender-Mammut« für dieses Retortenbaby wurde jedoch noch nicht gefunden. Larry Agenbroad, Geologe an der Northern Arizona University in Flagstaff, hält mehr von einer neueren Methode: »Lasst uns doch lieber mal ein Mammut klonen als noch so ein blödes Schaf (Dolly).« Doch dieser Gedanke scheint abwegig. Eine Elefantenkuh könnte wohl kaum ein geklontes Mammut austragen. Beide Tierarten teilten sich zwar vor fünf Millionen Jahren einen gemeinsamen Vorfahren – ähnlich wie Mensch und Schimpanse. Aber eine Elefantenkuh als Leihmutter zu benutzen, ist so viel versprechend, wie einer Schimpansin ein Menschenbaby einzupflanzen.

„Japanische Wissenschaftler verfolgen die Idee, das Mammut wieder zum Leben zu erwecken …“

»Man tut besser daran, seine Energien auf die Erhaltung der Elefanten zu verwenden«, fordert deshalb Adrian Lister, der Mammutexperte vom University College in London. »Denn sie leben hier und heute und sind akut vom Aussterben bedroht!«

Druiden, Hinkelsteinmetzen und Sonnenanbeter

Das Rätsel um den Steinkreis von Stonehenge

Von Stefan Primbs

Es ist ein seltsamer Zug, der sich da durch die jahrtausendealte Anlage wälzt: Vorneweg der Erzdruide, der zwischen dumpfen Hornsignalen alte Gesänge intoniert. Es folgen Männer in weißen Roben, Mönchskutten und Wappenröcken, Ritter mit Breitschwertern, Hexen und Magier, junge Raver und alte Hippies. Das Gemurmel der Weißgewandeten ist für die fast zehntausend Teilnehmer kaum zu hören. Es wird übertönt vom monotonen Gedröhn australischer Didgeridoos. Schrill pfeifen die Dudelsäcke, Kuhglocken scheppern, und dazwischen hört man die Gitarren gealterter Blumenkinder. Irgendwo spielt eine Zehn-Mann-Band Samba, und ein Duft liegt in der Luft, der vermuten lässt, dass so mancher Miraculix auch unerlaubte Kräuterchen in Rauch aufgehen lässt. Die Polizei drückt meist ein Auge zu, denn es ist Sonnwendfeier in Stonehenge. Und an diesem Tag haben hier nicht der Vater Staat oder seine Büttel vom Denkmalamt »English Heritage« das Sagen, sondern die »wahren Hausherren« von Stonehenge: die Druiden aus England, Wales und Schottland, Erben und Hüter der keltischen Magie.

Es ist die Weisheit des Zauberers Merlin, der einst König Artus diente, auf die sich der Anspruch der Druiden gründet. Denn Merlin soll Stonehenge aus Irland herangeschafft und hier aufgebaut haben – als ewiges Grabmal für die Helden Britanniens, die vom heimtückischen Eindringling Hengist ermordet worden waren. So beschreibt es etwa Geoffrey von Monmouth in seiner Geschichte der englischen Könige, der ›Historia Regium Britanniae‹ aus dem Jahre 1138.

Die Story mit dem Zauberer Merlin nahmen ihm zwar schon die Archäologen der frühen Neuzeit nicht mehr ab, die sich vor gut dreihundert Jahren über Stonehenge Gedanken machten. Doch ein wahrer Kern, so schien es, steckte dahinter. Verbarg sich hinter Merlin nicht der keltisch-walisische Magier Myrddin? Mussten die tonnenschweren Steine nicht aus großer Ferne herbeigeschafft werden? Und wer, wenn nicht die Urbriten – ethnisch gesehen Kelten – sollte dieses Bauwerk errichtet haben? War es nicht überhaupt an der Zeit, die lange unterschätzten und als Barbaren verschrieenen Vorfahren aus dem Schatten der Römer und Griechen hervorzuholen?

Der Stolz auf die Vorfahren war so groß, dass man gegenteilige Indizien, die im Laufe der Zeit auftauchten, gar nicht erst wahrnahm. Noch heute würden die Briten wohl in den Kelten jene Steine schleppenden Obelixe sehen, die Stonehenge aufbauten. Doch die Physik zerstörte diesen romantischen Traum mit einer Datierungstechnik, gegen die mit patriotischem Eifer kaum anzukommen ist: der Radiokarbon-(C14-)Methode.

Die ersten Messungen aus den Jahren um 1950 waren zwar noch recht ungenau, aber dennoch fegten sie mit einem Mal alle bisherigen Thesen vom Tisch: Selbst die jüngsten Teile von Stonehenge, so das Ergebnis, waren über 3500 Jahre alt, Jahrhunderte vor den ersten Druiden erbaut. Ein Datum, das auch alle weiteren Verdächtigen der Antike ausschloss: Griechen, Römer und die weit gereisten Phönizier. Nicht einmal die Ägypter kamen jetzt noch als Erbauer in Frage. Sie wären zwar auch für die neue Datierung noch alt genug gewesen, und die gleichzeitig mit Stonehenge entstandenen Pyramiden belegen ihre Bauwut. Doch die wenigen Funde, die eine Verbindung von Britannien zum Nil herstellten, passten nicht mehr in die Zeit.

„Selbst die jüngsten Teile von Stonehenge waren über 3500 Jahre alt …“

Wer aber türmte dann die gigantischen Steinkreise aufeinander? Und was war der Grund? In ihrer Euphorie dachten die Archäologen zur Jahrhundertmitte, mit der C14-Methode hätten sie den Schlüssel für die Deutung von Stonehenge in der Hand. Fortan konzentrierten sie sich auf die scheinbar unbedeutenden Funde, die sie vorher nicht beachtet hatten: Pflanzenreste, die sich vielleicht unter den Steinen finden ließen, Schneckenhäuschen, Knöchelchen toter Tiere – organische Materie also, denn aus totem Stein lassen sich keine Radiokarbondaten gewinnen.

Doch je mehr Messergebnisse vorlagen, desto verzwickter wurde die Geschichte, je genauer die Datierungen einzelner Steine, desto vager die Aussagen der Archäologen. Vom ersten »Spatenstich« bis zum letzten Stein, der aufgestellt wurde, seien 1600 Jahre vergangen, erläutert der Archäologe Christopher Chippindale das Dilemma, »das ist mehr Zeit, als uns von den Römern trennt«. Dabei wurde die Arbeit ganz offensichtlich immer wieder unterbrochen, der Plan geändert, Stein- und Holzformationen umgestellt oder abgebrochen.

Nur die architektonische Grundidee von Stonehenge in dem Bauwerk blieb durch die Jahrhunderte unverändert, vielleicht der Urgrundriss menschlichen Bauens schlechthin: der Kreis. Ihn hatten die vorgeschichtlichen Bauern im Sinn, als sie sich eines Tages in der Jungsteinzeit, um 3100 v. Chr., auf einer aus der Ferne gut einsehbaren Anhöhe in der damals noch teilweise bewaldeten Ebene von Salisbury ans Werk machten.

„Der Urgrundriss menschlichen Bauens schlechthin: der Kreis …“

Die Gründer von Stonehenge legten zuerst den »Burggraben« an. Stück für Stück hoben sie das Erdreich und den weißen Kalkstein aus, mit Harken aus Hirschgeweihen und Schaufeln aus Schulterblättern von Rindern – Werkzeuge, die sie hinterher in den Graben warfen und die uns heute mit die wertvollsten Altersangaben zu Stonehenge liefern. Den Aushub schütteten die Bauarbeiter auf der Innenseite zu einem hell schimmernden Wall auf. Es entstand ein Ring von hundert Metern Durchmesser, im Süden von einem schmalen und im Nordosten von einem dreizehn Meter breiten Eingang unterbrochen: dort, wo vom Kreismittelpunkt aus gesehen im Sommer die Sonne aufgeht. Den Grund des Ringgrabens legten die Erbauer mit den Knochen von Tieren aus, die zu diesem Zeitpunkt schon mehr als hundert Jahre tot waren. Hatte man sie aus einer anderen Kultstätte hierher überführt? Fanden die Stonehenge-Leute sie hier vor, als sie den Platz anlegten? Wir wissen es nicht.

Im Hauptberuf waren die Gründer von Stonehenge halb nomadische Bauern, die Getreide anbauten, Schafe, Schweine oder Rinder züchteten und Hunde hielten. Sie entstammten jener Windmill-Hill-Kultur, die die gemeinschaftlichen Hügelgräber der Umgebung angelegt hatte (eines davon ist der Windmill Hill) und auf den Abbau von Feuerstein spezialisiert war. Ihr Stonehenge war nichts Besonderes: eine von rund hundert ähnlichen Kreisanlagen in Großbritannien.

Viele dieser »Henges« enthielten damals Ringe aus Holzpfählen und vielleicht war es in Stonehenge ebenso. Längst eingeebnete Gruben, die wohl Pfosten enthielten, hat man für die Frühzeit auch in Stonehenge ausmachen können. Selbst überdachte Gebäude in der Mitte eines solchen Holzkreises wären vorstellbar. Sicher ist nur, dass dieses Stonehenge I verlassen wurde. Einfach so, eines Tages, nach etwa zwei Jahrhunderten kultischer Verehrung. Nun wucherten Büsche über das geweihte Land, in dem auch die kaum datierbare Asche ausgewählter Verstorbener liegt – Adelige oder Priester? Geopferte oder Hingerichtete? Privilegierte oder Ausgestoßene? Wer mag das wissen? Es sollte noch ein weiteres Jahrhundert dauern, ehe das Heiligtum neu erstand, bevor eine neue, rätselhafte Zivilisation hier das bis heute vielleicht spannendste Kapitel von Stonehenge aufschlug.

„Unvorstellbar, wie eine vielleicht zwei-, dreitausend Leute umfassende Steinzeitsippe die Kolosse aus dem Steinbruch sprengt …“

Es war etwa um 2600 v. Chr., als die geheimnisumwitterten Blausteine auf das Gelände kamen: sechzig, siebzig Stück, jeweils bis zu vier Tonnen schwer. Lange rätselten die Wissenschaftler über ihre Herkunft, denn im weiten Umkreis der Gegend gab es diese Gesteinsart nicht. Die Überraschung war perfekt, als der Mineraloge Hubert Thomas 1923 den passenden Steinbruch fand: dreihundert Straßenkilometer weit entfernt, bei den Preseli Hills in Wales. Unvorstellbar, wie eine samt Frauen und Kindern vielleicht zwei-, dreitausend Leute umfassende Steinzeitsippe die Kolosse aus dem Steinbruch sprengen und sie mit primitiven Hilfsmitteln nach Südengland bringen konnte, über hohe Berge und durch enge Schluchten. Und all das neben der täglichen Arbeit in der Landwirtschaft, bei der Jagd und in den Feuersteinminen.

Etliche Male wurde in den letzten Jahrzehnten versucht, wenigstens einen Steintransport nachzuvollziehen. Dabei gelang es zwar, theoretisch nachzuweisen, dass ein paar Dutzend Mann die Blöcke fortbewegen können. Auch auf dem Wasser funktioniert der Transport zwischen zwei Einbäumen im Prinzip. Doch in der Praxis ist bislang noch jeder Archäologen-, Studenten- und Freiwilligen-Crew der Stein irgendwo hängen geblieben oder im Wasser versunken.

Und die Alten sollen Dutzende solcher gewaltigen Fuhren bewältigt haben? Sind also doch die Zweifler im Recht, die glauben, dass die Steine schon während der Eiszeit aus Wales von Gletscherzungen hierher transportiert und Jahrtausende später von den Stonehenge-Leuten dort aufgesammelt wurden, weil sie eben gerade herumlagen? Für viele Briten grenzt dieser Gedanke an Ketzerei. Doch warum sollten ausgerechnet die Stonehenge-Erbauer so auf die Blausteine erpicht gewesen sein, wenn alle anderen Steinkreise Britanniens mit Material aus der Umgebung gebaut wurden? War Stonehenge etwas ganz Besonderes? Und warum wurden – wie das abgeschlagene Material beweist – die Blausteine erst vor Ort behauen, wo eine Bearbeitung am Steinbruch doch zu deutlich geringerem Transportgewicht geführt hätte?

Fernspediteure oder nicht: Jedenfalls waren es wohl Biertrinker, die Stonehenge II (manche Forscher lassen mit den Blausteinen schon Stonehenge III beginnen) schufen. Denn benannt sind sie nach ihren Krügen, die aussehen wie eine auf die Spitze gestellte Glocke. An deren Böden lassen sich Reste von (Brau-?)Gerste nachweisen. Einer Theorie zufolge sind sie vom Rheinland über die Nordsee auf die britische Insel ausgewandert. Vielleicht zapften diese Glockenbecher-Leute jedes Mal ein »Fässchen« an, wenn sie einen der Blausteine Hunderte von Meilen herangeschleppt hatten, und versammelten sich im Rund um ihre Kultstätte.

„War Stonehenge etwas ganz Besonderes?“

Dann stellten sie den steinernen Pfahl gemeinsam auf, wie heute bayerische Dorfbewohner ihren Maibaum. Die Erbauer verfuhren nach einem exakten Plan: Die Steine markierten zusammen ein Hufeisen mit der Öffnung nach Nordwesten. Mehrere Generationen, Großväter, Väter, Söhne arbeiteten unter unvorstellbaren Mühen an diesem steinernen Halbrund. Doch womöglich noch ehe es fertig wurde, machte eine Enkelgeneration alles zunichte, brach das Vorhaben ab, riss die schon vorhandenen Blausteine nieder und schuf Platz für noch Größeres, noch Ausgefeilteres, noch Gigantischeres: für Stonehenge III, vor dessen Resten wir heute stehen.

Waren die tonnenschweren Blausteine zu mickrig? Der alte Plan zu simpel? Oder in Vergessenheit geraten? Sollten Nachbarn oder Götter mit einer noch überlegeneren Bauweise beeindruckt werden? Oder doch nur mit der schieren Größe und Wucht der vier Meter hohen, jeweils gut 25 Tonnen schweren Sandsteinkolosse, die die Herren von Stonehenge jetzt aus einem »nur« dreißig Kilometer entfernten Steinbruch heranschleppten – um ein weltweit beispielloses Monument aufzustellen?

Wieder ist es ein Kreis, der das Bauwerk prägt, aber kein Kreis auf dem Boden, sondern einer in vier Metern Höhe: Eine gewaltige Brücke aus dreißig zu einem einzigen Ring zusammengefügten Segmenten auf dreißig gigantischen Pfeilern. Innerhalb dieses Ringes ragen fünf bis zu sieben Meter hohe Steintore, Trilithen (Dreisteine), hervor, angeordnet auf dem Grundriss eines Hufeisens. Es öffnet sich zu dem von zwei Megalithen gerahmten Ausgang – und richtet sich damit entlang der alten Nordost-Südwest-Achse von Stonehenge aus. Der größte Trilith gegenüber dem Eingang ist 7,3 Meter hoch, einer seiner Pfeiler wiegt fünfzig Tonnen. Quer zur Achse liegt, inmitten des Hufeisens, ein riesiger Quader: der »Altarstein«.

Als wenn sie uns beweisen wollten, dass sie keine tumben Urzeitler waren, haben uns die Konstrukteure von Stonehenge ein Beispiel ihrer Ingenieurskunst vor Augen geführt, das ewig halten sollte: Präzise Auswölbungen an den Decksteinen schaffen einen vollkommenen Kreis, kein Dreißigeck. Fein herausgearbeitete Zapfen und Aussparungen greifen ineinander und sorgen dafür, dass die Kolosse nicht aus ihrer Höhe herabstürzen. Die ausgeklügelte Technik, die nötig ist, um solche Riesenblöcke überhaupt aufzustellen, nötigt uns heute noch Respekt ab. Und dann – als ob sie gar nicht fertig werden wollten, als ob Bauen an sich das Ziel für sie gewesen wäre, und nicht das Gebäude – veränderten sie ihren Plan abermals.

»Sollten Nachbarn oder Götter mit einer noch überlegeneren Bauweise beeindruckt werden?«

Wo auch immer sie vor vielen Jahrzehnten gelagert wurden: Irgendwann zwischen 2100 und 1600 v. Chr. holten die Stonehenge-Leute die exotischen Blausteine wieder hervor und kombinierten sie mit dem Steinring. Da wurde wild experimentiert: Die Archäologen haben Fundamente für drei verschiedene Arrangements der Blausteine ausgemacht. Der letzte Stand zeigt die Blöcke aus dem fernen Wales als

Kreis von Säulen innerhalb des Sandsteinrings und in einem Halbkreis entlang der Trilithen. Doch kreisförmige Gruben rund um die Anlage weisen darauf hin, dass die Blausteine abermals umgesetzt werden sollten. Warum es dazu nicht mehr kam, bleibt ein Rätsel. Vielleicht hat das mit den wirtschaftlichen und sozialen Veränderungen zu tun, die gegen Ende der Steinzeit ganz Europa erfassten.

In diesen Jahrhunderten um und nach 2000 v. Chr. lässt sich in Salisbury ein neuer Lebensstil ausmachen: die bronzezeitliche Wessex-Kultur. Das Zinn, das es in Cornwall in Hülle und Fülle gab, hatte Wohlstand gebracht, der sich in den Händen weniger superreicher Herrscher und Händler sammelte. Sie exportierten das Metall bis nach Ungarn und importierten Fayenceperlen aus Ägypten. Ob es der Wohlstand oder der ausländische Einfluss war, der die Wessex-Menschen glauben ließ, sie könnten ihre alten Heiligtümer aufgeben, ihre alten Götter gegen neue eintauschen? Oder zerstreute eine Katastrophe die Kultgemeinde von Stonehenge? Um 1500 v. Chr. jedenfalls endet die Geschichte der Kultstätte. Sie wurde sich selbst und damit den Interpretationen der Nachwelt überlassen. Die Geschichte der Deutungen von Stonehenge aber ist eine lange Geschichte mit vielen Missverständnissen.

„Zerstreute eine Katastrophe die Kultgemeinde von Stonhenge?“

Was wurde nicht alles in diese Stätte hineinfantasiert, seit sie um 1600 »wiederentdeckt« wurde: Nackte Jungfrauen, von bluttriefenden Priestern geopfert, um eine unheimliche Macht zu befriedigen, sahen Forscher des 19. Jahrhunderts in Gedanken auf dem »Schlächterstein« liegen. Ein Stein, von dem man heute weiß, dass es sich dabei nur um einen umgefallenen Megalithen handelt. Vom Versammlungsort des Volkes und Marktplatz über den Tempel, der nur auserwählten eingeweihten Priestern zugänglich war, bis zum Friedhof für Adelige reicht die Palette der Interpretationen. Menschenasche und Skelettfunde, die eindeutig auf Mord hinweisen, taten ein Übriges, um die Fantasien anzuregen. Ganz anders die Deutungen aus der zweiten Hälfte des 20. Jahrhunderts: Ein »Computer« oder zumindest ein gigantischer Kalenderrechner soll Stonehenge gewesen sein, der Sonnenfinsternisse vorhersagen konnte, und seine Erbauer Vorläufer der glorreichen Computergeneration. Oder zumindest der Sternwarten.

Das Grundproblem, vor dem jede seriöse Interpretation des Bauwerks steht, scheint unlösbar: Was wir heute in Stonehenge sehen, ist ein Stil- und Architekturmix voller großer und kleiner Rätsel, der von verschiedenen Völkern geplant, in verschiedenen Epochen gebaut und vermutlich auch für verschiedene Zwecke genutzt wurde. Um aus der Gestalt von Stonehenge auf dessen Zweck zu schließen, müsste man für eine bestimmte Zeit diese Gestalt feststellen können. Doch nicht einmal Stonehenge III, dessen Überreste wir heute vor Augen haben, lässt sich exakt rekonstruieren: Denn viele ehemals vorhandenen Teile wurden im Mittelalter zerstört, als Stonehenge zum Steinbruch wurde. Und was das Mittelalter von Englands meistbesuchtem Denkmal (knapp eine Million Besucher pro Jahr) übrig ließ, verschlimmbesserten Touristen und Geschäftemacher des 19. und 20. Jahrhunderts: Hand in Hand mit Archäologen und Leuten wie Lieutenant Colonel Willam Hawley. Hawley war ein glatzköpfiger Mann mit vorstehendem Kinn und eigenwilligem Schnurrbart. Von etwa 1920 bis in die 40er-Jahre hinein war er der Herrscher von Stonehenge: kaum unterstützt von den Fachkollegen, angewidert vom ewigen Regen der Salisbury Plains und frustriert von den schäbigen Kleinteilen, die sich in Stonehenge fanden, während andere in Ägypten Gräber aus purem Gold entdeckten und dadurch zu Ruhm gelangten. Kein Wunder, dass Hawley unspektakuläre Funde wie Splitter von Feuer- oder Blausteinen wieder unsortiert in den Schächten versenkte. Schächten – der Archäologe nennt sie »Schnitte« –, die das halbe Areal durchzogen und es damit für die Nachfolger weitgehend unbrauchbar machten.

„Menschenasche und Skelettfunde, die eindeutig auf Mord hinweisen, taten ein Übriges, um die Fantasien anzuregen …“

Am problematischsten aber sind vielleicht die in offiziellen Prospekten lange Zeit verschwiegenen Wiederaufbaukampagnen. Sie begannen 1901, als sich Stonehenge noch in Privatbesitz befand, nachdem in der Silvesternacht erstmals seit Jahrhunderten wieder ein Megalith umgestürzt und zerbrochen war. Bis 1964 rückten Bautrupps die Steine mit Seilwinden gerade, sicherten sie mit Betonfundamenten und hievten mit Kränen Decksteine auf die Steinpfosten. Und was dabei im Weg stand, wurde zwischenzeitlich umgelegt. Hawley und sein

Nachfolger Richard Atkinson nutzten die Bauarbeiten, um das Material unter den Steinen wissenschaftlich auszuwerten.

Von Atkinson stammt auch das bahnbrechende – mittlerweile modifizierte – Schema der drei Bauphasen. Mühsam hat er aus den wenigen Daten und mit der Logik eines Architekten zusammengestellt, in welcher Reihenfolge die Bestandteile von Stonehenge entstanden sein könnten. Doch gibt es heute vor Ort praktisch keinen Stein mehr, der nicht im 20. Jahrhundert verrückt worden wäre. Für den Historiker Brian Edwards ist dies ein Skandal sondergleichen: »Was wir hier sehen, ist keine fünfzig Jahre alt«, schimpft er, eine »Schöpfung der Denkmalindustrie« und »kein Werk prähistorischer Menschen«. Die britische Denkmalbehörde sieht den enthusiastischen »Wiederaufbau« von Stonehenge nicht ganz so tragisch. Dennoch will sie ihn künftig im geplanten Museumszentrum für die Touristen dokumentieren.

Noch viel schwieriger als über Stonehenge III sind Aussagen über die früheren Phasen zu treffen. Denn es gibt zu wenig brauchbare Funde aus organischem Material. Zudem muss man bei einem einzelnen von der C14-Methode errechneten Datum oft mit einem Fehler von mehr als plus/minus hundert Jahren rechnen. Einzig die Ausrichtung der Anlage zum Sonnenaufgang am Tag der Sommersonnenwende ist unstrittig und wohl bewusst gesetzt worden.

Doch schon der Stein, an dessen Spitze die Sonne hervorblinzelt und auf den sich die Blicke jedes Jahr am längsten Tag des Jahres richten, ist ein wissenschaftliches Fiasko. Die einen Forscher lassen ihn schon in Stonehenge I die Sonnenwende verkünden, andere versetzen ihn in die Phase III – dazwischen liegen mehr als fünfhundert Jahre. Und um das Ganze noch zu komplizieren, gibt es Grund zu der Annahme, dass dieser so genannte Fersenstein noch einen »Partner« etwas weiter nördlich hatte, und die Peilung nicht über den noch stehenden Stein, sondern zwischen beiden erfolgte.

„Es geht um mehr als um ein paar Felsbrocken in der Provinz und die Frage, warum sie dort stehen …“

Und dann ist da noch die Grundsatzfrage: Was sagt uns die Ausrichtung von Stonehenge zur Sonne über die Kultur der Erbauer? Ein

Sonnenkult? Aber sind nicht auch die Altäre der meisten christlichen Kirchen nach Osten, zum Sonnenaufgang, ausgerichtet, ohne dass die Christen Sonnenanbeter wären? Und wie ist es mit den vielen anderen potenziellen Peillinien, die angeblich astronomische Berechnungen in Stonehenge ermöglichen? Archäologen sind da skeptisch: Bei all den Quadern von Stonehenge müssten sich viele der in den Theorien geforderten Peillinien schon aus Zufall ergeben, gibt Christopher Chippindale zu bedenken. Viele dieser rekonstruierten Linien seien außerdem zu ungenau oder wurden durch Teile der Anlage und der umgebenden Landschaft gelegt, die nach neueren Erkenntnissen nicht gleichzeitig existierten.

„Die Nationalisten machten Stonehenge zur Stätte elitärer Druiden …“

Dennoch versucht ein Heer von »Archäoastronomen«, die These einer vorgeschichtlichen europäischen Hochkultur aufrechtzuerhalten, die komplizierte Astronomie betrieb, mit der Natur im Einklang lebte, ihr Wissen über zig Generationen weitergab und über Kontinente hinweg austauschte. Der Eifer, mit dem diese Thesen propagiert werden oder wie man den Streit um die Blausteine austrägt, zeigt: Es geht um mehr als um ein paar Felsbrocken in der Provinz und die Frage, warum sie dort stehen. Es geht um nichts Geringeres als die Würde der lange Zeit zu »Primitiven« gestempelten Steinzeitmenschen, die es wiederherzustellen gilt; um eine Würde für die eigenen Urvorfahren, die man den von Großbritannien kolonisierten Überseevölkern gleicher Kulturstufe verweigerte. Und um den Stonehengemenschen diese Würde zu geben, glich man sie dem Bild an, das man von sich selbst hatte: So sahen die Imperialisten des 19. Jahrhunderts Stonehenge als eine Art Kolonie ihrer antiken Vorbilder, der Griechen. Die Nationalisten machten Stonehenge zur Stätte elitärer Druiden. Und es ist wohl ebenso wenig ein Zufall, dass die These von Stonehenge als Observatorium, als Tor ins Weltall, in die 50er-Jahre fällt, als die Raumfahrt die Menschen zu faszinieren begann – und dass die Vorstellung von Stonehenge als »archaischem Computer« die 70er-Jahre beflügelte, als die ersten Rechner ins Alltagsleben einzogen. So ist Stonehenge wie ein Spiegel, in dem sich jede Generation wiederfindet.

Giganten für die Ewigkeit

Durch ihre Gräber wurden Ägyptens Könige unsterblich

Von Sascha Priester

Der Einstieg gestaltet sich schwieriger als gedacht. Tagelang haben die Männer an der Nordseite der Großen Pyramide von Gizeh nach einem Eingang gesucht – vergeblich. Doch wie soll man diese Nachricht dem Kalifen al-Ma'mun übermitteln? Der Herrscher ist davon überzeugt, dass es in diesem Bau eine Geheimkammer gibt und dort Himmels- und Landkarten auf ihre Entdeckung warten – das Wissen der Alten Welt, umgeben von unvorstellbaren Schätzen, niemals rostenden Waffen und Glas, das sich zwar biegen, aber nicht zerbrechen lässt.

Die Ingenieure, Baumeister, Handwerker und Maurer geben nicht auf und treiben einen Stollen in das künstliche Steingebirge. Doch Versuche mit Hammer und Meißel scheitern. So bleibt nur ein Ausweg: Dicht an den Blöcken flackern riesige Feuer auf. Sobald die Steine glühen, werden sie mit kaltem Essig überschüttet, bis sie bersten und die Bruchstücke weggeräumt werden können. Dreißig Meter tief stößt al-Ma'muns Trupp vor. Doch der erhoffte Schacht ist nicht zu entdecken; die Hitze wird unerträglich. Die Fackeln verbrauchen den Sauerstoff und Atmen ist fast nicht mehr möglich. Plötzlich ein Knall! In der Nähe poltert ein Stein von der Decke. Die Männer schöpfen neuen Mut – und finden einen Gang, der in das Innere führt…

Selbst wenn diese legendenhaft wirkende arabische Erzählung im Kern stimmt – al-Ma'muns Männer kamen um 820 offenbar zu spät: Sie finden eine unvollendete unterirdische Kammer, dann die »Kammer der Königin« und hinter dem aufsteigenden Gang der »Großen Galerie« schließlich die »Königskammer«. Doch der Granitsarkophag dort hat keinen Deckel mehr – und ist so leer wie alle anderen Räume!

Es gibt noch eine andere Version der Geschichte: Die Plünderer finden innerhalb der Steinkiste eine hohle, mit geheimnisvollen Schriftzeichen verzierte Steinplastik; sie umgibt einen menschlichen Körper.

Der Leichnam trägt einen mit Edelsteinen verzierten Harnisch und auf der Brust liegt ein kostbares Schwert. Die Stirn ist mit einem funkelnden Rubin geschmückt – groß wie ein Ei und hell wie das Tageslicht… Ob dieser Bericht nun tatsächlich die Auffindung einer Königsmumie belegt oder nur ein opulentes Märchen ist – der Fall zeigt, wie wir mit der Großen Pyramide umgehen: Wissenschaftliche Ergebnisse, vermeintliche Fakten oder pure Spekulationen werden – je nach Absicht des Autors – zu diesem Thema gesammelt und ausgewertet. Der riesenhafte Bau wurde leider allzu oft zur Spielwiese für Fantasten.

Und der Traum des Sultans von Geheimkammern und verborgenen Schätzen ist bis heute nicht erloschen. Am 17. September 2002 blickten Millionen Menschen auf die Große Pyramide – per Fernseh-Liveschaltung, die das Öffnen einer längst bekannten Schachttüre zur »Nacht der Pyramiden«, einem weltweiten Medienspektakel, machte. Das Ergebnis dieser Veranstaltung, die sich auf einem schmalen Grat zwischen Wissenschaftlichkeit und Sensationshascherei bewegte, war ernüchternd: Hinter der aufgebohrten Tür, die der Archäoingenieur Rudolf Gantenbrink bereits 1993 entdeckt und das Deutsche Archäologische Institut Kairo unter der Leitung von Professor Rainer Stadelmann untersucht hatte, erblickte eine durchgeschobene Minikamera – nichts. Die Funktion des Schachts ist nach wie vor ungeklärt. Doch die Aussicht auf weitere, noch nicht erforschte Kammern wird als »Rätsel der Großen Pyramide« auch künftige Generationen beschäftigen.

„In Ägypten entstanden die ersten Pyramiden vor rund 5000 Jahren …“

Zu den Fakten: In Ägypten entstanden die ersten Pyramiden vor rund 5000 Jahren, während des »Alten Reichs« (ca. 3000–2100 v. Chr.). Als architektonische Vorläufer gelten in die Erde eingelassene Lehmziegelgräber, in denen die Herrscher schon um 2900 v. Chr. bestattet wurden. Diese Anlagen waren – wie die Häuser der Lebenden – in mehrere Kammern aufgeteilt; Forscher vermuten, dass die heiligen Orte durch Stelen markiert und von Hügeln bedeckt waren. Doch eine direkte Verbindung dieser frühen Gräber zur berühmten Stufenpyramide von Sakkara, die Pharao Djoser (2720–2700 v. Chr.) anlegen ließ, fehlt bisher. Zudem ist auffällig: In der Folgezeit wurden in nur drei

Generationen die gigantischen Steinbauten errichtet, die heute der Inbegriff der ägyptischen Pyramiden sind. Laut Meinung der Wissenschaftler entstand die Große Pyramide um 2600 v. Chr. als erste in Gizeh – das Grabmal des Pharaos Cheops (um 2620–2580 v. Chr.).

Was weiß man über diesen König? Sein Vater hieß Snofru (um 2670–2620 v. Chr.) und dieser größte Bauherr seiner Zeit ließ gleich drei Pyramiden errichten: Eine über neunzig Meter hohe baute er in Meidum für seinen Amtsvorgänger und Schwiegervater Huni. Als Snofru seine Residenz später nach Norden verlegte, entstand bei Dahschur eine neue Totenstadt. Doch als die dort für ihn selbst vorgesehene Pyramide eine Höhe von knapp fünfzig Metern erreicht hatte, senkte sich der Untergrund – wahrscheinlich aufgrund eines Erdbebens, das auch die Pyramide von Meidum zerstörte.

„Brandspuren zeugen heute von der späteren Ausplünderung …“

Daraufhin entschlossen sich die Architekten in Dahschur, den ursprünglichen Neigungswinkel der Pyramide um mehr als elf Grad abzuflachen und damit die geplante Höhe von 128 Metern auf knapp über hundert Meter zu reduzieren. Doch diese Änderung konnte die »Knickpyramide« nicht retten: An den Innenwänden der zukünftigen Grabkammern waren Risse aufgetreten. Arbeiter zogen Balken aus Zedernholz ein, um den Druck der Seitenwände aufzufangen. Aber die Einsturzgefahr war nicht zu bannen: Im 29. Regierungsjahr Snofrus wurde der Grundstein für eine neue, 105 Meter hohe Pyramide gelegt, in unmittelbarer Nachbarschaft zum »alten«, aufgegebenen Bau.

In dieser Roten Pyramide aus rotem Kalksandstein fand der Pharao seine letzte Ruhe. Brandspuren zeugen heute von der späteren Ausplünderung; nur Reste der in der Grabkammer bestatteten Königsmumie blieben erhalten. Offenbar war die Anlage beim Tod des Herrschers unvollendet: Die zu einem ägyptischen Pyramidenkomplex gehörenden Kultbauten fertigte man als Ziegelbauten im Schnellverfahren.

Cheops konnte von den umfassenden Erfahrungen mit Pyramiden unter Snofru profitieren. Wie sein Vater verlegte er seine Residenz nach Norden – diesmal allerdings nach Gizeh, wo auch mit der Errichtung seines Grabbaus begonnen wurde. Zwei Architekten waren für dieses Projekt verantwortlich, darunter ein Neffe des Herrschers namens Hemiun. Das Plateau von Gizeh eignete sich vorzüglich für das Vorhaben. Denn der im Untergrund reichlich vorhandene Kalkstein konnte direkt verarbeitet werden. Und die Pyramide wurde um einen stehen gelassenen Felskern herum gebaut. Bisher glaubte man: Mehr als zwei Millionen Blöcke mit einem Gesamtgewicht von rund sieben Millionen Tonnen türmten sich zu einer Höhe von 146,6 Metern auf.

Im Inneren schufen die Erbauer ein System von Schächten, Gängen und Kammern, das noch heute viele Fragen aufwirft: Vom Eingang auf der Nordseite der Pyramide führt ein 105 Meter langer Gang in die Tiefe. Nach einigen Metern kommt man – dreißig Meter unter dem Boden – in eine hohe Felskammer, deren Funktion unklar ist. An einer Abzweigung des abwärts gerichteten Gangs führt ein weiterer Korridor nach oben – und gabelt sich erneut: Wege führen zur über sechs Meter hohen »Königinnenkammer« – ihr genauer Zweck ist unklar – und zur fast fünfzig Meter langen »Großen Galerie«. Diese ist in über acht Metern Höhe von einem eindrucksvollen Gewölbe bedeckt, in Treppen übereinander geschichtet (Kraggewölbe). Von hier aus erreicht man die »Grabkammer«, die mit Rosengranit ausgekleidet ist. Der auch schon im arabischen »al-Ma'amun-Abenteuer« erwähnte leere Granitsarkophag ist der einzige Hinweis auf die Bestattung des Pharaos.

„Mehr als zwei Millionen Blöcke mit einem Gesamtgewicht von rund sieben Millionen Tonnen türmten sich zu einer Höhe von 146,6 Metern auf …“

Allein die drei Pyramiden von Pharao Snofru in Meidum und Dahschur bedeuten eine Steinmasse von über 3,5 Millionen Kubikmetern! Auch wenn in den späteren Jahrhunderten noch Pyramiden gebaut wurden – diese Zahl bleibt vorher und nachher unübertroffen. Alle anderen Königspyramiden machen nur 41 Prozent der Gesamtmasse der Pyramiden von Snofru, Cheops und dessen Sohn Chephren aus.

Bis zum Ende des »Alten Reichs« wurden die Bauten immer kleiner; schließlich kam der Pyramidenbau völlig zum Erliegen. Die Ursache dafür liegt im Zerfall der Königsherrschaft, die untrennbar mit den Grabstätten verbunden ist, wie auch der Forscher Mark Lehner in seinem Buch ›Geheimnis der Pyramiden‹ betont. Als Ägypten im »Mittleren Reich« (ca. 1900–1600 v. Chr.) wieder an Stärke gewann, sahen die neuen, in ihren Dimensionen wesentlich bescheideneren Pyramiden ganz anders aus als früher: Der Eingang lag nicht mehr bei allen im Norden; die Korridore zur Grabkammer waren verwinkelt. Im »Neuen Reich« (ca. 1540–1180 v. Chr.) gab es Pyramiden nur noch als kleine Aufbauten über Gräbern, die man bei der Residenzstadt Theben auf dem Westufer des Nils anlegte. Sie krönten aber nicht mehr die letzten Ruhestätten der Pharaonen, sondern die von königlichen Beamten, Schreibern und Handwerkern. Ein Kuriosum bedeuten auch die Pyramiden im Süden des ägyptischen Einflussbereichs, in Nubien (heute Sudan): Von 720 v. Chr. bis rund 350 n. Chr. legten dort die Herrscher von Napata und Meroe Königsgräber an, die kleiner und steiler waren als ihre 2000 Jahre älteren Vorbilder aus dem Norden.

Der Anblick, den viele Pyramidenfelder des »Alten Reichs« heute vermitteln, täuscht. Diese Bauten waren einst Teil eines ganzen Gebäudekomplexes, der nur einer einzigen Person gewidmet war: dem verstorbenen und in der Pyramide bestatteten Pharao. Der klassische Ort dafür waren Wüstenplateaus. Dortin konnten Schiffe auf einem Nilkanal fahren, der das ganze Jahr hindurch Wasser führte.

Den Eingang dieses umfangreichen Komplexes bildete ein am Flusshafen gelegener Taltempel mit Rampen und Säulenhallen. Über einen mit Mauern gesäumten, oft überdachten Aufweg erreichte man den Totentempel an der Ostseite der Pyramide: Weite, mit bunten Reliefs verzierte Säulenhöfe führten zu einem Allerheiligsten mit der Scheintür: dem symbolischen Eingangstor zur Pyramide. Hier wurde der verstorbene Herrscher täglich in Kultritualen und Prozessionen als Gottkönig verehrt – der Totentempel als »ewiger Palast«, wie es Mark Lehner formuliert. Neben den umfriedeten Pyramiden gab es noch weitere Hofanlagen: eine Miniatur der großen Pyramide wurde wohl für das »Ka« des Königs, seinen Geist, angelegt. Zudem gab es oft kleinere Grabmäler für die Königinnen und Schiffsgruben, in denen sogar vollständige Prunkboote im Boden versenkt wurden.

„Weite, mit bunten Reliefs verzierte Säulenhöfe führten zu einem Allerheiligsten mit der Scheintür …“

In den letzten Jahrtausenden wurde viel über die ägyptischen Pyramiden spekuliert. Diese Entwicklung setzt im »Mittleren Reich« ein, als sich um Cheops und Chephren bereits Legenden rankten. Offenbar waren ihre Monumente nicht länger geschützt: Reliefs des Chephren-Taltempels von Gizeh verwendete Pharao Amenemhet I. (1939–1909 v. Chr.) in seiner eigenen Pyramide in Lischt. Der mittlerweile von Dünen bedeckte Sphinx, vielleicht ebenfalls unter Chephren als Wächter der königlichen Nekropole gemeißelt, wurde während des »Neuen Reichs« restauriert, doch die Kalkstein-, Alabaster- und Granitverkleidungen der Anlagen fanden jetzt anderenorts Verwendung.

Die Bauherren der großen Pyramiden von Gizeh, Cheops, Chephren und Mykerinos, hatten um 1000 v. Chr. – rund 1600 Jahre nach ihren Regierungszeiten – eine eigene Priesterschaft in Gizeh, durch deren Kult sich nun Legende und Historie endgültig vermischten. Erst jetzt entstand der Mythos, dass Cheops einst Götterbilder und sogar den Sphinx restauriert habe. Auf dieser Sage beruht das heute immer noch verbreitete Gerücht, dass der Sphinx älter als die Pyramiden von Gizeh sei – vielleicht ein Monument, das vor der Sintflut entstanden ist, oder ein Werk der angeblichen »Urkultur« von Atlantis, wie einige fantasiebegabte Autoren unserer Zeit behaupten.

„In den letzten Jahrtausenden wurde viel über die ägyptischen Pyramiden spekuliert …“

Als der Reiseschriftsteller Herodot – immer auf der Suche nach spannenden Geschichten – zwischen 449 und 430 v. Chr. nach Gizeh kam, hörte er offenbar nur wenig Gutes über Cheops: »Er habe das Volk zu jeder Schlechtigkeit getrieben. Er habe nämlich alle Tempel verschlossen, auch den Ägyptern zu opfern verboten, und sie dann alle zu Frondiensten gezwungen.« Sklaven als Arbeiter – eine immer wieder gern geglaubte Erklärung für die Große Pyramide, die jedoch ebenso falsch ist wie Herodots anschließender Bericht über die Technik des Pyramidenbaus. Denn es waren nicht 100 000 Mann zwanzig Jahre lang im Einsatz, sondern weit weniger. Dieser Irrtum beruht auf der Annahme, dass die Cheopspyramide aus rund 2,5 Millionen verbauten Blöcken bestehe – jeder präzise behauen und oft mehrere Tonnen schwer. Doch der Bau besteht aus weniger

Steinen; zudem wurde im Innern der Pyramide schneller und weniger sorgfältig gearbeitet. Der Forscher Mark Lehner vermutet deshalb eine Arbeiterschaft zwischen 20 000 und 30 000 Mann – mit einer Kernmannschaft von rund 4000 Mann, die als Steinschlepper und Steinmetzen tätig waren.

Lehners Theorien zum Pyramidenbau – viele Details wie eingesetzte Rampen und Werkzeuge sind umstritten – gehen von der Individualität der einzelnen Gebäude aus: Für jedes Monument gab es eine speziell auf die jeweilige Situation zugeschnittene Bautechnik. Auch der Rest von Herodots Bericht ist Fabulieren und betrifft den Bau der Chephrenpyramide: »Cheops sei in seiner Schlechtigkeit so weit gegangen, dass er, weil er Geld brauchte, seine Tochter in ein Bordell schaffte und ihr befohlen habe, eine gewisse Summe Geld für ihn zu verdienen; – doch wie viel sagten sie [Herodots Informanten; d. Red.] freilich nicht. – Die hätte sie auch zusammengebracht, sich aber auch selbst ein Denkmal hinterlassen wollen und jeden, der sie besuchte, gebeten, ihr wenigstens einen Stein zu schenken. Von diesen Steinen, sagten sie, wäre die mittlere der drei Pyramiden gebaut worden.«

„Seit der Spätantike sah man in den Pyramiden die Kornspeicher Josefs, der laut Altem Testament in Ägypten zu höchsten Ehren gelangt war …“

Die ganze Antike hindurch war Gizeh eines der Hauptziele von Ägypten-Touristen. Plinius der Ältere berichtet im 1. Jahrhundert n. Chr., dass Einheimische zur Unterhaltung der Touristen die Pyramiden hinaufgeklettert seien – die Große Pyramide hatte mittlerweile ihre ursprüngliche Kalksteinverschalung in Teilen eingebüßt. Und der jüdische Historiker Flavius Josephus überliefert einige Jahrzehnte später eine zwar unwahre, aber bis in die Neuzeit hinein beliebte Geschichte zur Entstehung der Bauten: Seiner Version nach hätten die Hebräer die Pyramiden errichtet, als Sklaven der Ägypter, die das jüdische Volk ausrotten wollten.

Im Mittelalter nutzten die Herrscher Ägyptens die offenbar zu diesem Zeitpunkt längst offen stehenden und geplünderten Grabbauten von Gizeh als »Steinbruch«. Die Pyramiden verloren ihre Außenverkleidung, die heute nur noch an wenigen Stellen erhalten ist. Im christlichen Abendland glaubte man an eine ganz andere Funktion der Bauten: Seit der Spätantike sah man in den Pyramiden die Kornspeicher Josefs, der laut Altem Testament in Ägypten zu höchsten Ehren gelangt war. Immer mehr wurde die Fantasie beflügelt, und seit dem 17. Jahrhundert verband man mit den sagenumwobenen Gebäuden vor allem Bereiche, die bis in die Gegenwart zu teilweise wenig plausiblen mystischen und esoterischen Ausuferungen führten.

Die Cheopspyramide sei der geografische Mittelpunkt der Welt, ein gewaltiges Observatorium, ja sogar der Schlüssel für das Geheimwissen der alten Ägypter, das die etablierten Wissenschaftler zwar kennen, aber für sich behalten möchten. Zu dieser mehr als gewagten Behauptung versteigt sich beispielsweise der Sachbuchautor Erdogan Ercivan in seinem Werk ›Verbotene Ägyptologie‹: eine Ansammlung von Spekulationen und teilweise längst widerlegten Theorien zur Datierung im Alten Ägypten. Eine besondere Zuneigung hegt auch der Bestsellerautor Erich von Däniken, der sich mit angeblich wirkenden, »geheimnisvollen Pyramidenkräften« in ihrem Innern beschäftigt (diese werden von der Wissenschaft nicht bestätigt) und die Große Pyramide weit vor die Zeit des Cheops datiert. Bautechnik und Funktion des Gebäudes bringt er in Zusammenhang mit außerirdischen Besuchern, die seiner Meinung nach vor Jahrtausenden auf die Erde kamen.

„Die Angst der Welt ist die Zeit. Aber der Zeiten Angst sind die Pyramiden …“

Abgesehen davon, dass sich solche »Thesen« nicht überprüfen lassen, haben sie einen weiteren großen Schwachpunkt: die ausschließliche Konzentration auf die Cheopspyramide und das Ausblenden des Forschungsstandes zum Thema »ägyptische Pyramiden«, die zweifellos in historischer Zeit als Grabanlagen von Pharaonen angelegt wurden. Nichts fasst die Ehrfurcht des Menschen vor den Grabmälern von Gizeh besser zusammen als ein arabisches Sprichwort: »Die Angst der Welt ist die Zeit. Aber der Zeiten Angst sind die Pyramiden.«

Er feierte eine Niederlage als seinen größten Sieg

Ramses II. und sein Feldzug gegen die Hethiter

Von Wulf Bröning

Die Attacke kam im Morgengrauen. Während sich die Soldaten der Amun-Division noch für den Sturm auf die Stadt Kadesch vorbereiteten, brach wie aus heiterem Himmel ein vernichtender Überraschungsangriff über sie herein. 2500 waffenstarrende hethitische Streitwagen, jeder mit drei Mann Besatzung, überrollten ohne Vorwarnung das ägyptische Lager und streckten jeden nieder, der sich ihnen in den Weg stellte. Die Überraschung und das Chaos waren perfekt. Die ägyptischen Soldaten liefen in Panik schreiend durcheinander, unfähig, sich zu verteidigen oder gar einen Gegenangriff zu organisieren. Nur durch einen glücklichen Zufall konnten die Ägypter verhindern, dass ihr Heerführer und König, Ramses II., in die Hände der Feinde fiel.

Ortswechsel zum Ramesseum, dem Grabtempel Ramses' II.: Wenn es einen Preis für die größte Geschichtsfälschung aller Zeiten gäbe, dann wäre dieser Pharao mit Sicherheit einer der aussichtsreichsten Anwärter. Der Tempel, auf dessen Wänden die Taten des Herrschers in aller Ausführlichkeit dargestellt sind, ist nicht nur ein beeindruckendes Baudenkmal, das der König sich und dem Gott Amun weihen ließ, es ist auch die detaillierte Beschreibung seines einzigartigen Sieges über die Hethiter bei Kadesch (etwa 25 Kilometer südlich von Homs). Ein Sieg, den Ramses in Wahrheit nie errungen hat. Würden sich die Kenntnisse über die Schlacht von Kadesch nur auf die ägyptischen Überlieferungen stützen, dann gäbe es heute keinen Zweifel daran, dass die Ägypter um 1275 v. Chr. an den Ufern des Orontes einen überwältigenden Sieg über die Hethiter feiern konnten. Hethitische Aufzeichnungen, die in den Ruinen der alten Hauptstadt Hattusa, dem heutigen Bogazkale, gefunden wurden, zeigen jedoch eine andere Seite der Geschichte. Gemeinsam betrachtet, stellen die Dokumente einen einzigartigen Glücksfall für die Historiker dar. Wir erfahren Details über einen Feldzug, der schon vor über 3000 Jahren alle Formen moderner Kriegsführung offenbarte: internationale Bündnisse, ausgeklügelte Strategien und Spionage. Vieles, was heute zum Einmaleins von Diplomaten und Militärs gehört, gabe es schon auf dem Schlachtfeld bei Kadesch.

Ein Blick auf die politische Entwicklung des östlichen Mittelmeerraumes hilft zu verstehen, warum die Stadt Kadesch für beide Kriegsparteien eine so große Bedeutung hatte. Schon seit etwa 1400 v. Chr. stritten sich vor allem Ägypter und Hethiter um die Vorherrschaft in Syrien. Sie konzentrierten ihre Expansionspläne dabei auf den schmalen Landstreifen, der Afrika, Asien und Europa verbindet. Hier lag nicht nur ein beeindruckendes wirtschaftliches Potenzial; die Gegend war auch strategisch bedeutend, weil sie die Kontrolle wichtiger Handelsrouten ermöglichte. Schlüssel zur Beherrschung Syriens waren zahlreiche Stadtstaaten, die von beiden Seiten energisch umworben wurden. Gerade die Stadt Kadesch erwies sich im Laufe der Zeit immer wieder als unzuverlässiger Bündnispartner. Sie spielte die beiden »Supermächte« gegeneinander aus, indem sie wiederholt die Seiten wechselte und so mehr als einmal zu einer Verschiebung des Mächtegleichgewichts beitrug. Als Folge änderte sich auch der Einflussbereich von Hethitern und Ägyptern unaufhörlich. Schwächen der einen Seite wurden vom Gegner meist umgehend genutzt, um die eigene Grenze in Richtung Norden oder Süden zu verschieben.

„Wir erfahren Details über einen Feldzug, der schon vor über 3000 Jahren alle Formen moderner Kriegsführung offenbarte …“

Probleme mussten jedoch nicht zwangsläufig auf militärischem Wege gelöst werden. Um den Frieden zu sichern, versuchte Anches-en-pa-Amun, die Witwe des jung verstorbenen Tutanchamun, ein Bündnis zwischen den verfeindeten Staaten zu initiieren. Aufzeichnungen über die Regierungszeit des hethitischen Königs Suppiluliuma berichten von dem Plan der Königin, sich mit Zannanza, einem Sohn des Gegners zu vermählen. Das Angebot war in der Tat verlockend, denn mit der Heirat wäre der hethitische Prinz automatisch König von Ägypten geworden. Aber Suppiluliuma war skeptisch, und so schickte er zuerst nur Beamte an den ägyptischen Hof, die die Lage sondieren sollten. Offensichtlich gelang es den Ägyptern im Laufe eines Jahres, die Bedenken des Hethiters zu zerstreuen, denn kurz darauf machte sich der Königssohn auf den weiten Weg ins Feindesland.

Doch ganz unbegründet waren die Sorgen Suppiluliumas offenbar nicht, denn schon auf der Reise kam der Thronanwärter unter mysteriösen Umständen ums Leben. Auch wenn die Ägypter jede Schuld am Tod des Prinzen vehement von sich wiesen, unterstellten die Hethiter verständlicherweise ein politisches Attentat. Was genau die Beweggründe für den Mord waren, ist bis heute ungeklärt, aber es scheint wahrscheinlich, dass bestimmte politische Kräfte in Ägypten für das Geschehen verantwortlich waren. Außenpolitisch verschlechterte sich das Verhältnis beider Staaten in den nächsten Jahren dramatisch. Auch wenn der Ausbruch der Pest im hethitischen Heer und innere Unruhen größere Kampfhandlungen verhinderten, war die Ermordung des Prinzen keinesfalls vergessen.

„Die Hethiter unterstellten ein politisches Attentat …“

Nach der Thronbesteigung von Pharao Sethos I. um 1290 v. Chr. gelang es Ägypten, den Hethitern in zahlreichen Schlachten weite Gebiete in Nordsyrien abzunehmen. Dabei folgte der König einer von seinen Vorgängern übernommenen Strategie, nach der er erst die kleineren Stadtstaaten im Süden Syriens unterwarf und anschließend die wichtigen Küstenstädte sowie Kadesch eroberte. Auch wenn das militärische Vorgehen von Sethos erfolgreich war und in einen Friedensvertrag mit den Hethitern mündete, war der Erfolg doch von kurzer Dauer. Bereits beim Regierungsantritt von Ramses II. um 1279 v. Chr. hatten die Hethiter weite Gebiete Syriens zurückerobert und auch die Stadt Kadesch wieder eingenommen.

Die politische Situation, die Ramses bei seinem Regierungsantritt nach dem Tod seines Vaters Sethos antraf, war in der Tat alles andere als einfach. Neben inneren Unruhen spitzte sich auch die militärische Bedrohung im Norden des Reiches zu. Um den ägyptischen Einfluss in Syrien zu stärken und die Hethiter unter ihrem König Muwatalli von den Grenzen des Landes fern zu halten, startete Ramses um 1275 v. Chr. eine Expedition, die die Nordgrenze des Reiches langfristig sichern sollte. Vier Divisionen, benannt nach den ägyptischen Gottheiten Amun, Re, Ptah und Seth, sowie eine Hilfstruppe standen dem jungen Ramses für seinen Feldzug zur Verfügung. Einen Teil der etwa 20 000 Mann starken Armee bildeten die so genannten Scherden, eine Söldnertruppe, deren Bezeichnung sich möglicherweise von den Sarden ableitete, eine gefürchtete Kampftruppe. Die Bewaffnung bildeten größtenteils geschwungene Kampfbögen aus Holz und Horn. Sie stellten eine gefährliche und zielgenaue Fernwaffe dar. Daneben verfügte man über Bronze-Schwerter und Äxte für den Nahkampf. Hinzu kamen zahlreiche Streitwagen, die jeweils mit zwei Mann, einem Lenker und einem Kämpfer, besetzt waren.

Dieser mächtigen Armee stand eine beeindruckende internationale Koalition aus kleineren syrischen und anatolischen Staaten sowie Dardanern, Mysern, Pisidern und Lykiern gegenüber. Das Herz des hethitischen Heeres bestand aus 37 000 Mann Fußtruppen und 2500 Streitwagen, die im Gegensatz zu den ägyptischen Modellen jeweils mit drei Mann besetzt waren. Und auch hier herrschte eine strikte Arbeitsteilung. Jedem Soldaten war ein fester Aufgabenbereich zugeteilt, um den er sich während des Kampfes zu kümmern hatte: Lenkung, Angriff oder Verteidigung. Auch wenn den Fahrzeugen die Wendigkeit der ägyptischen Wagen fehlte, so waren sie schon aufgrund ihrer Größe eine gewaltige Sturmwaffe. Wer sich ihnen entgegenstellte, wurde buchstäblich überrollt. Anschließend erledigten die Fußtruppen die übrig gebliebenen Feinde im Nahkampf. Ihre Eisenschwerter waren den ägyptischen Bronzewaffen weit überlegen. Mit einer beinahe doppelt so großen Streitmacht wie die Angreifer verfügte Muwatalli schon im Vorfeld der Schlacht über eine günstige Ausgangsposition.

„Wer sich ihnen entgegenstellte, wurde buchstäblich überrollt ...“

Als sich die ägyptische Armee Kadesch näherte, sonderte Ramses die Naruna aus, eine kleine Elitetruppe, um sie nach Norden vorauszuschicken. Dann trennte er seine vier Divisionen, was sich schon bald als verhängnisvoller Fehler herausstellen sollte. Gemeinsam mit seinem Stab und der Amun-Division überquerte Ramses am folgenden Tag den Orontes, ohne auf die anderen Teile seines Heeres zu warten, die mehrere Kilometer zurücklagen. Die Situation schien dieses Vorgehen zunächst zu rechtfertigen. Späher hatten zwei Hethiter ergriffen, die sich dem König gegenüber als Überläufer ausgaben. Der Pharao war von ihren Aussagen beflügelt, denn die Gefangenen gaben an, dass Muwatalli sich vor lauter Angst rund 250 Kilometer nördlich von Kadesch bei Aleppo versteckt hielt und sich nicht nach Süden wagte. Unter diesen Umständen schien der Sieg so nahe, dass Ramses nicht mehr länger warten wollte. Ohne eine weitere Beratung befahl er den Sturm auf die befestigte Stadt. Nur mit der Amun-Division errichtete er daher ein Lager, das als Ausgangsbasis des Angriffs dienen sollte. Doch bevor der Pharao die Attacke ausführen konnte, ereilte ihn eine Schreckensnachricht, die das wahre Ausmaß der Bedrohung verdeutlichte. Kundschafter hatten einen hethitischen Spion aufgegriffen und unter Folter war der mit der Wahrheit herausgerückt: Muwatalli hielt sich mit seinem Heer keineswegs ängstlich und weit entfernt verborgen, sondern lauerte kampfbereit in unmittelbarer Nähe.

Ramses hatte seine Truppen in die Falle geführt! In aller Eile schickte er Boten aus, die die Re-Division alarmieren und zur Hilfe holen sollten. Auf Ptah und Seth zu hoffen war wegen der großen Entfernung von vornherein aussichtslos. Doch die Hethiter waren schneller. Beim Angriff der Streitwagen stießen sie zuerst auf die völlig überraschten Soldaten der Re-Division, die das Flussufer entlangmarschierten. Zu Hunderten wurden sie niedergemacht, und wer Glück hatte und dem Massaker entging, versuchte, sich in Panik zum Lager des Pharaos durchzuschlagen. Auch Ramses blieb kaum Zeit zu reagieren. Schon stürmten die Hethiter das Lager und bedrängten den König selbst. Was er vorher durch taktische Fehler verspielt hatte, machte er durch seinen Mut wieder wett. Während seine Soldaten und Offiziere in Panik gerieten und ihren Anführer seinem Schicksal überließen, kämpfte er um sein Leben. Und tatsächlich war dieses Mal das Glück mit dem Tapferen. Die hethitischen Soldaten, die normalerweise nicht besoldet wurden, verschwendeten kostbare Zeit damit, das Lager zu plündern. Und statt seine Fußtruppen in die Schlacht zu werfen und eine rasche Entscheidung zu erzwingen, hielt Muwatalli seinen letzten Trumpf zurück. Die 37 000 Soldaten warteten in einiger Entfernung tatenlos auf den Ausgang der Schlacht.

„Ramses hatte seine Truppen in die Falle geführt … Zu Hunderten wurden sie niedergemacht …“

Dieses Zögern rettete nicht nur Ramses das Leben, es kostete die Hethiter letztlich den Sieg. Denn während der Kampf im ägyptischen Lager tobte und Ramses, von seinen Soldaten verlassen, dem Feind fast im Alleingang die Stirn bot, traf die Elite-Truppe der Naruna ein. Jetzt waren es die Hethiter, die völlig überrascht wurden. Den sicheren Sieg schon vor Augen, wurden sie nun mit einer völlig neuen Situation konfrontiert. Statt eines Überraschungsangriffs hatten sie plötzlich selbst den Gegner im Rücken. Der Rest der Schlacht mündete in ein Blutbad, in dem keine der beiden Parteien den Kampf für sich entscheiden konnte.

„Der Rest der Schlacht mündete in einem Blutbad, in dem keine der beiden Parteien den Kampf für sich entscheiden konnte …“

Angesichts der Tatsache, dass Ramses nur noch zwei Divisionen blieben und die Hethiter über eine ausgeruhte Infanterie auf der anderen Seite des Flusses verfügten, schien es dem Pharao mehr als ratsam, eine politische Lösung des Konflikts zu suchen. Und das Ergebnis war in der Tat sehr diplomatisch. Ramses zog sich mit seinen Truppen nach Ägypten zurück und ließ Kadesch weiterhin in der Hand der Hethiter. Zuhause angekommen jedoch münzte seine perfekte Propaganda-Maschinerie das knappe Unentschieden in einen triumphalen Sieg um. Mit eigenen Händen und Amuns persönlicher Hilfe, so die offizielle Version, hatte der Pharao das hethitische Heer geschlagen. Muwatalli, der in der offiziellen ägyptischen Lesart nur »der elende Besiegte von Hatti« hieß, hatte den Pharao persönlich um Frieden angefleht und ihm nach dem Kampf sein Königreich zu Füßen gelegt. Damit auch ja jeder Untertan von den Taten des Gott-Königs unterrichtet wurde, ließ dieser seine Heldentaten nicht nur in Abu-Simbel, sondern auch in Karnak, West-Theben, Luxor und Abydos in die Tempelwände meißeln.

Auch wenn die Schlacht von Kadesch als überwältigender Sieg ausgegeben wurde, der mächtige Gegner im Norden war keineswegs besiegt. Etwa 1258 v. Chr., siebzehn Jahre nach der Schlacht, trafen die beiden Gegner erneut aufeinander – diesmal jedoch am Verhandlungstisch. Das Ergebnis war ein »Friedens- und Bruderschaftsabkommen«, das als erster überlieferter Friedensvertrag der Weltgeschichte gilt. Das Abkommen, das sowohl in Hieroglyphen als auch in Keilschrift erhalten ist, zeigt eine detaillierte Aufstellung von Rechten und Pflichten der beiden Partner. Differenzen gab es nur in den Einleitungen der jeweiligen Verträge: Beide Seiten bestanden nachdrücklich darauf, dass es der jeweils andere Partner war, von dem die Friedensinitiative ausging. Ganz auf Propaganda konnten oder wollten die beiden Supermächte auch nach Ende der Konfrontationen offenbar nicht verzichten.

Inhaltlich besteht der Vertrag, der überraschend viele moderne Züge aufweist, aus fünf Teilen. Eine historische Einleitung erläutert kurz den geschichtlichen Hintergrund, der zum Vertragsabschluss führte, und betont die Friedensabsichten beider Könige. Der zweite Teil des Vertrags enthält eine Nichtangriffsvereinbarung. »Der große Fürst der Hethiter wird sich niemals am Land Ägypten, um etwas von ihm zu nehmen, vergreifen, und der große Herrscher Ägyptens wird sich niemals am Land der Hethiter, um etwas von ihm zu nehmen, vergreifen«, heißt es im Text. Gemeint sind mit dieser Vereinbarung pikanterweise nicht etwa die jeweiligen Heimatländer, sondern lediglich die strittigen Gebiete in Syrien. Da es in dem Vertrag keine Grenzfestschreibung gibt, kann man heute nur noch raten, wo die beiderseitig anerkannte Grenzlinie verlief. Wahrscheinlich beanspruchten die Hethiter Nord- und Mittelsyrien sowie die Nordküste Phöniziens. Im Gegenzug erhielten die Ägypter das übrige Phönizien sowie Palästina.

„Ein ‚Friedens- und Bruderschaftsabkommen', das als erster überlieferter Friedensvertrag der Weltgeschichte gilt …"

Nachdem im dritten Teil des Vertrages beide Imperien ein Defensivbündnis gegen dritte Mächte und lokale Aufstände in den beiden Heimatländern vereinbart haben, folgt der wohl modernste Teil des Vertrages. Er behandelt die Auslieferung sowohl prominenter als auch gewöhnlicher politischer Flüchtlinge. Im Detail ist dort geregelt, dass der Verfolgte weder getötet noch gefoltert werden dürfe und nicht um Haus und Hof gebracht werden soll. Eine Forderung, die auch heute noch nicht selbstverständlich ist. Das Werk schließt mit der Berufung von Zeugen, die bei einem so bedeutenden Vertrag natürlich niemand anderes sein können als die zahlreichen Götter der beiden Völker selbst.

Dass der Vertrag mehr war, als ein aus der Not geborener Zwangspakt, zeigte sich in dem neuen Verhältnis der beiden Staaten zueinander. Neben ägyptischen Kornlieferungen an den ehemaligen Gegner war es vor allem die Heirat des Ramses mit einer hethitischen Prinzessin, die den Frieden zwischen den Staaten nachhaltig stärkte. Als große königliche Gemahlin zog sie mit einer fantastischen Mitgift nach Ägypten. Retten konnte die Hethiter jedoch weder der moralische Sieg an den Ufern des Orontes noch ein ausgefeilter Friedensvertrag und politische Hochzeiten mit dem mächtigen Gegner. Nur etwa 75 Jahre nach der Schlacht von Kadesch zerbrach das mächtige Reich vermutlich am ungebremsten Ansturm der Seevölker. In wenigen Jahren schafften diese, was den Ägyptern immer verwehrt blieb: die völlige Vernichtung des mächtigen Gegners im Norden.

„Retten konnte die Hethiter jedoch weder der moralische Sieg an den Ufern des Orontes, noch ein ausgefeilter Friedensvertrag …“

Geheimnisvolle Kulte um Fruchtbarkeit, Geburt und Tod

Die Mysterien bei Griechen und Römern

Von P. J. Blumenthal

Man schreibt den 15. des Monats Boëdromium – das entspricht dem Anfang Oktober. Es ist früh am Morgen. Schon gestern wurden die heiligen »Gegenstände« nach Athen gebracht. Man trug sie in Körben vom 20 Kilometer entfernten Eleusis hierher. Die »Mysten« – wie sich die Anhänger der Göttin Demeter nennen – geraten beim Empfang dieser Nachricht in helle Aufregung, denn sie wissen: Die Feier wird bald beginnen. Als Erstes wird ein öffentliches Opfer in der Stadt abgehalten, gefolgt von einer Prozession zur nahe gelegenen Bucht von Phaleron. Ein Heer von Menschen in wehenden weißen Gewändern ist unterwegs. Man reinigt sich im Meerwasser, dann opfert ein jeder ein Ferkel zu Ehren der Göttin. Ganz Griechenland betrachtet diese Tage als heilig – auch wer nicht zu den Eingeweihten gehört. Damit jeder, der an den Mysterien teilnehmen will, freies Geleit genießt, sind alle Kriegshandlungen eingestellt.

Am 17. Boëdromium ist es so weit. Zwei- bis dreitausend Menschen formieren sich zum Zug nach Eleusis. Der Weg führt zuerst durch das Heilige Tor in der nordwestlichen Stadtmauer Athens, wo die Heilige Straße beginnt. In vorderster Reihe tragen Priester und Priesterinnen Abbildungen der Göttin und jene geheimnisumwitterten Kultgegenstände, die in den heiligen Körben verdeckt mitpilgern. Die Mysten haben Reiseproviant dabei, man stützt sich auf einen Stab, der mit Blumen und Myrtenzweigen umwunden ist. Viele stimmen Hymnen an, gelegentlich wird getanzt, und an einer Stelle erzählen die Pilger zotige Witze über die Obrigkeit – so, wie der Ritus es vorschreibt. Am Abend erreicht der Festzug den heiligen Bezirk bei der Stadt Eleusis. Die Eingeweihten warten geduldig auf Einlass. Auch wir werden mit ihnen das Allerheiligste betreten, um einer der geheimnisvollsten Kulthandlungen der Antike beizuwohnen: den Eleusinischen Mysterien. Die modernen Begriffe »Mystiker« oder »Mystik« leiten sich von solchen

Feierlichkeiten her. Der »Myste« war der »Eingeweihte«. Was er in Eleusis erlebte, nannte er die »mysteria«. Doch bevor wir den Tempel der Göttin betreten, wo das streng gehütete Geheimnis gelüftet wird, lohnt es sich, einige Besonderheiten dieser Religion kennen zu lernen.

Was in Eleusis Jahr für Jahr geschah, ist mit dem, was man üblicherweise im reichen Stadtstaat Athen unter Religion verstand, kaum zu beschreiben. Religion war in der Antike ein schlichtes Geschäft: eine Darbietung in einem Tempel, die man zumeist in Zusammenhang mit einem konkreten Anliegen verrichtete. »Do ut des« nannten die Römer diesen Vorgang: Ich gebe, damit du gibst. Religion war außerdem keine Familienangelegenheit. Männer feierten meist mit Männern, Frauen mit Frauen. Fremde und Sklaven warteten vor der Tür. Ganz anders bei den Mysterien: Sie waren jedem zugänglich. Männer, Frauen, Kinder, Ausländer, ja sogar Sklaven machten mit. Um Myste zu werden, bedurfte es lediglich der Weihe im Heiligen Bezirk. Die Athener nahmen diese Einweihung sehr ernst. Wer die Geheimnisse von Eleusis verriet, bezahlte mit dem Leben. Vollstreckt wurde das Urteil durch die Staatsmacht.

„Religion war keine Familienangelegenheit …“

Nur so viel wussten die Uneingeweihten: Ein Mythos über die Göttin Demeter und ihre Tochter Persephone spielte eine Schlüsselrolle. Demzufolge wurde die junge Persephone eines schönen Frühlingstages, als sie Blumen pflückte, vom Gott Hades entführt und in die Unterwelt verschleppt, damit sie seine Braut würde. Verzweifelt suchte Demeter (ihr Name bedeutet »Erdmutter«) nach ihrer Tochter, von deren Schicksal sie nichts wusste. Dabei vernachlässigte die trauernde Göttin ihre Aufgabe, für Fruchtbarkeit zu sorgen; die Felder verdorrten, und das Wohl der Menschen war gefährdet. Schließlich griff Zeus persönlich ein und vermittelte zwischen der Erdgöttin und dem Gott der Unterwelt. Sie einigten sich auf einen Kompromiss: Persephone sollte zwei Drittel des Jahres, vom Frühjahr bis zum Spätherbst, bei ihrer Mutter verbringen, ein Drittel des Jahres, im Winter, sollte sie bei ihrem Ehemann im Hades wohnen.

Diese Geschichte ist kein belangloses Märchen. Bereits am Anfang des 20. Jahrhunderts erkannte der englische Religionsforscher James Frazer ihre Bedeutung. Er entdeckte darin einen alten Fruchtbarkeitsmythos, der erklärt, warum die Erde zwischen Frühjahr und Herbst neues Leben zeugt und im Winter eine Ruhepause einlegt. Frazer waren bei seinen Recherchen mehrere solcher oder ähnlicher Geschichten über eine mal männliche, mal weibliche Gottheit aufgefallen, die in die Unterwelt verschleppt oder gar ermordet wurde, um später ans Licht zurückgeholt oder wiederbelebt zu werden. Schon vor über viertausend Jahren erzählten die Sumerer vom Gott Tammuz, der von der Göttin der Unterwelt entführt und dank der tapferen Muttergöttin Ischtar, seiner Geliebten, gerettet wird. In Ägypten kursierte eine Geschichte vom Geschwisterpaar Isis und Osiris: Dieser wird von seinem bösen Bruder Seth ermordet und anschließend zerstückelt. Dann findet ihn seine Schwester Isis nach verzweifelter Suche und erweckt ihn zu neuem Leben. Einem Mythos der Griechen zufolge wird der Weingott Dionysos vom Göttergeschlecht der Titanen umgebracht, in sieben Stücke gerissen und schließlich von der Göttermutter Rheia wiederbelebt. Frazer gab diesen Figuren den Namen »Sterbende und wiederauferstehende Götter«. Er vermutete, dass in den archaischen Ackerbaukulturen solche Geschichten zur Grundlage der Fruchtbarkeitsriten wurden.

Auch die eleusinischen Mysterien begannen Frazers Meinung nach als Fruchtbarkeitsritus. Die Entführung Persephones in die Unterwelt und ihre Wiederkehr in die Welt der Lebenden stand demnach stellvertretend für die jährliche Überwindung des unfruchtbaren Winters. Doch bereits im 6. Jahrhundert v. Chr., also zu Beginn der klassischen Antike, war der Ritus in Eleusis zu einem Mysterienkult geworden. Manche Historiker meinen, dass diese Mysterien entstanden, weil in Athen zu jener Zeit Umbruchstimmung herrschte. In der Politik gaben Draufgänger wie der Tyrann Peisistratos den Ton an. Die Demokratie und freies Denken breiteten sich aus. Die Intellektuellen befriedigte die alte bäuerliche Religion der Vorfahren nicht mehr.

„Sterbende und wiederauferstehende Götter ...“

Philosophen begannen, Texte über Gott und die Welt zu schreiben. Zum Beispiel Xenophanes, der den griechischen Volksglauben bekämpfte, die Götter seien den Menschen ähnlich. Er lehrte vielmehr, dass es nur einen Gott gebe, der nichts mit den Sterblichen gemein habe. Die alten Götter und ihr Kult kamen aus der Mode und man suchte neue Formen des Glaubens. War Eleusis der Ausdruck einer

Reformbewegung? Auf jeden Fall weisen die Berichte aus der Antike darauf hin, dass das Erlebnis der eleusinischen Mysterien etwas Einmaliges war. Aristoteles, selbst ein Eingeweihter, schrieb im 4. Jahrhundert v. Chr. darüber, dass der Höhepunkt in Eleusis nichts mit Wissen (auf Griechisch »mathein«), sondern mit Erfahren (»pathein«) zu tun hatte und dass man am Schluss eine Bewusstseinsveränderung durchmachte. Jahrhunderte später äußerte sich der berühmte römische Redner Marcus Tullius Cicero (106–43 v. Chr.) ähnlich darüber. Er schwärmte, dass die Mysterien einen erheblichen Beitrag zur Ausbreitung von Menschlichkeit und Gesittung in der Welt geleistet hätten. So viel Begeisterung macht neugierig. Was war in Eleusis wirklich los?

Kehren wir zu den Eingeweihten zurück, die vor dem Tor auf Einlass warten. Die Stunde der Wahrheit ist endlich gekommen. Das Tor öffnet sich und mit verhülltem Kopf dürfen die Mysten, von Mystagogen geführt, einer nach dem anderen durch das Tor defilieren. Als sie den heiligen Bezirk betreten, streicht ihnen ein Priester mit einer brennenden Fackel über den Kopf. Nachdem sie sich, wie zu Beginn geschildert, mit Wasser gereinigt haben, werden sie jetzt mit Feuer geläutert. Nun dürfen sie – noch immer mit verhülltem Haupt – das erste Geheimnis erleben. Mit bloßen Händen greifen sie in die heiligen Behälter, die den Festzug begleitet haben, und betasten die wunderlichen Gegenstände. Dann legen sie diese kurz in einen anderen Korb, bevor sie die Objekte in den ersten Behälter zurückstellen. Was sind das für Dinge? Manche alten Quellen – vor allem die der christlichen Schriftsteller, die nur wenig Positives über die Mysterien zu berichten haben – behaupten, es seien Genitalien gewesen, was natürlich zu einem Fruchtbarkeitsritus gut passen würde. Andere Historiker tippen auf einen Kuchen in der Form eines Phallos. Was es auch gewesen sein mag, die Mysten erlebten diese Gegenstände nur mit dem Tastsinn.

„Die Stunde der Wahrheit ist endlich gekommen …“

Nach dieser Begegnung darf man den verhüllten Kopf wieder entblößen. Die Mysten begeben sich nun in die sagenumwobene Grotte, einen Höhleneingang, von dem viele meinten, er sei der Eingang in die Unterwelt. Hier stößt man auf die Göttin Demeter und sucht mit ihr nach ihrer Tochter Persephone. Das muss eine regelrechte Multimedia-Show gewesen sein: Musik, ein Spiel von Licht und Schatten, Rauch und Drama. Unbekannt sind heute die genauen Abläufe des Spektakels. Der christliche Schriftsteller Minucius Felix hat um das Jahr 200 die Szene geschildert: »Ceres (der römische Name Demeters) sucht mit brennenden Fackeln, von einer Schlange umschlungen, ängstlich besorgt durch das Land irrend, nach ihrer geraubten und verführten Tochter Proserpina (d. h. Persephone). Das sind die eleusinischen Mysterien.«

Das Schauspiel war bestimmt viel spannender als diese Beschreibung und es bringt die Mysten in Stimmung. Nun strömen sie in einen großen Tempel, das Telesterion (Einweihungshalle), das sich in der Mitte des heiligen Bezirks befindet. Dieser Tempel diente als Versammlungshalle, was in Griechenland ungewöhnlich war. Andere griechische Tempel wurden nämlich nur zum Zweck des Opferns besucht. So etwas wie ein Gottesdienst fand in ihnen nicht statt. Die vier Wände des 52 mal 54 Meter großen Telesterion sind dagegen mit mehreren Reihen von steinernen Bänken versehen. Die Mysten nehmen Platz. Ihre Aufmerksamkeit richtet sich auf ein Häuschen, Anaktoron genannt, das in der Mitte des Tempels steht. Es ist das Allerheiligste. Vor ihm sitzen die Priester und die Priesterinnen.

„Unbekannt sind heute die genauen Abläufe des Spektakels ...“

Liturgische Texte – wie in einer christlichen Kirche – werden jetzt rezitiert. Sie erzählen von Demeter und Persephone. Nun greift der Priester im Licht der Fackel in den heiligen Korb und zeigt den Mysten wieder einen heiligen Gegenstand. Es ist der Augenblick der Wahrheit, und es ist bestimmt keine Übertreibung zu sagen, dass alle staunen. Was hielt der Priester in Händen? Der Kirchenschriftsteller Hippolyt (gest. 235) hat das Geheimnis für die Nachwelt gelüftet: Man sah eine geschnittene Weizenähre. Wir geraten heute bei dieser Enthüllung nicht gerade in Verzückung, für die Mysten in Eleusis war dies aber ein Schlüsselerlebnis. Vielleicht verstehen wir die Aufregung, wenn wir das Empfinden der Mysten mit dem gläubiger Katholiken bei der Heiligen Messe vergleichen, im Augenblick der Wandlung, wenn Hostie und Wein in Fleisch und Blut Christi verwandelt werden. Nur der Eingeweihte spürt das Mysterium, der Außenstehende sieht nur Wein und Oblaten.

Doch der eigentliche Höhepunkt des ganzen Kults kommt erst jetzt: Wie durch Zauber erscheint plötzlich Persephone im Licht der Fackeln. Alles staunt. Es ist der Augenblick ihrer Wiedergeburt – so freudig für die Mysten wie eine Ostermesse. Und es gibt noch eine Überraschung: Die Göttin zeigt sich nicht allein, sie tritt mit einem Kind in Erscheinung, mit ihrem eigenen Kind. Der Myste erlebt am eigenen Leib das Geheimnis von Tod und Wiedergeburt. Nach diesem Wunder opfern die Mysten einen Widder. Sie begehen ein heiteres Festmahl und danach folgt ein Gedenkgottesdienst für die Verstorbenen. Die Mysterien gehen nach neun Tagen ihrem Ende zu. Geläutert kehren alle nach Hause zurück. Eleusis war nur einer von zahlreichen Mysterienkulten in der Antike. Alle liefen nach dem gleichen Muster ab: Sie enthüllten ihren Anhängern ein Geheimnis, das mehr befriedigte als die herkömmlichen Opferkulte. Dennoch bildete Eleusis eine Ausnahme, weil es immer am selben Ort stattfand.

»Wir geraten heute bei dieser Enthüllung nicht gerade in Verzückung ...«

Die Mysterien des Weingottes Dionysos dagegen konnte man überall feiern. Seine Anhänger – unter ihnen viele Frauen – zogen sich in die Berge oder in die Wälder zurück, tanzten, sangen und gerieten nach dem Genuss von Wein in Verzückung, was die Griechen mit »ekstasis«, »Aus-sich-Heraustreten«, bezeichneten. Auch dieser Kult entstammte einem alten Fruchtbarkeitsritus. Weil sexuelle Ausschweifungen eine Rolle in der Kulthandlung spielten, wurde die Religion 186 v. Chr. im konservativen Rom für sittenwidrig erklärt und per Gesetz verboten. Der Historiker Livius berichtet, dass 6000 Anhänger bei Razzien und Hinrichtungen starben.

Dennoch war das Feiern von Orgien nicht der eigentliche Sinn des Dionysos-Kults. Zwar kennt man heute die Details des Ritus nicht mehr, weiß aber, dass es wie in Eleusis um das Mysterium eines auferstandenen Gottes ging. Immerhin lehrten die »Orphiker« (eine Sekte, benannt nach dem legendären Sänger Orpheus), dass der Mensch mit zwei Naturen geschaffen wurde. Er sei teils Titan (die Titanen hatten laut Mythos das Kleinkind Dionysos ermordet und zerstückelt) und teils Dionysos. Ziel des Lebens ist es, das Titanische abzulegen, um selbst zum geläuterten Dionysos zu werden. Das klingt beinahe wie eine Lehre von der Erbsünde. Die Hoffnung auf Wiedergeburt oder ein glückliches Dasein im Jenseits spielte in allen Mysterienreligionen die wichtigste Rolle. Die Anhänger der ägyptischen Göttin Isis besuchten Gottesdienste in Tempeln, die im ganzen Römischen Reich zu finden waren. Wie diese Gottesdienste gestaltet wurden, wissen wir nicht. Sicher scheint jedenfalls: Sie betrachteten Isis als Erlöserin und Osiris, der wiederauferstanden war, als den Erlöser.

Diese Kulte, so die Altphilologin Marion Giebel in ihrem Buch ›Das Geheimnis der Mysterien‹, genossen besonders in unsicheren Zeiten großen Zulauf, als das Opfern in den herkömmlichen Tempeln unwirksam erschien. Nicht zufällig wurde der Isiskult kurz nach dem Tod Alexanders des Großen in der griechischen Welt heimisch, als Chaos herrschte. 204 v. Chr. bangten die Römer um ihre Existenz, nachdem Hannibal in Italien einmarschiert war. Die Priester Roms beschworen die Notwendigkeit neuer Götter. So importierten sie den orientalischen Kult um die Göttin Kybele, genannt Mater Magna (große Mutter), eine sehr unrömische Religion, wie sich herausstellte. Der Mythos erzählt von einem Schönling namens Attis, der von dem eifersüchtigen König Midas in den Wahnsinn getrieben wird. Aus Gram entmannt sich Attis und stirbt. Die Göttin Kybele begräbt seine Genitalien, und sogleich wachsen Veilchen aus der Erde. Die Bezüge zu einem Fruchtbarkeitskult sind hier offensichtlich. Das Besondere an diesem Kult ist, dass sich auch die Priester der Göttin kastrierten, um ihr besser dienen zu können. Auch wenn viele Römer diese blutige Praxis strikt ablehnten, verbreitete sich der neue Kult schnell im ganzen Reich. Denn man glaubte, dass Rom nur mit der Hilfe der Kybele den Karthager Hannibal bezwungen hatte. Die Mater Magna bekam einen Tempel auf dem Palatin (191 v. Chr. fertig gestellt) und ihr eigenes Fest vom 22. bis 27. März. Als Höhepunkt des Mysteriums entmannten sich am 24. März neu geweihte Priester, während alle übrigen Mysten gebannt zuschauten. Am nächsten Tag wurden die Hoden der Kastrierten in einen Kultbehälter gelegt und feierlich beigesetzt. Die Kastration wurde für die Eingeweihten als Wiedergeburt der Seele gedeutet.

„Wie eine Lehre von der Erbsünde …“

Zu den beliebtesten Mysterien gehörte der Mithraskult, der im Alten Iran eine lange Tradition hatte. Römische Legionäre hatten ihn im

1. Jahrhundert n. Chr. in Kleinasien kennen gelernt und brachten ihn in veränderter Form nach Italien, von wo er sich schnell über das ganze Reich ausbreitete. Er war eine Soldatenreligion und nur Männern zugänglich, was ungewöhnlich war. Man betete nach einer festgesetzten Liturgie in dunklen, lang gestreckten Sälen; in Privathäusern waren die Kulträume oft im Keller untergebracht. Die Mysten absolvierten sieben Stufen der Einweihung, bevor sie zu Priestern wurden. Mithras war ein mit der Sonne in Verbindung gebrachter Erlösergott. Er tötete einen Stier, dessen Blut und Samen die Erde befruchteten.

Die meisten Forscher glauben, dass es die frohe Botschaft vom Jenseits war, die die Mysterien so attraktiv machte, denn die traditionelle griechische Religion hatte nichts Vergleichbares zu bieten. Man denke nur an die berühmte Stelle in der Odyssee, wo der Geist des Achill klagt, dass er lieber Sklave im Diesseits sei als Fürst des gesamten Hades. Das Wissen um diese Schattenwelt wirkte sicher bedrückend. Bei den Mysterien dagegen konnte man auf das Seelenheil hoffen. Aus diesem Grund war die Auferstehung eines Gottes das eigentliche Geheimnis und Wunder. Sie stellte nämlich dem Gläubigen die eigene Auferstehung in Aussicht. Zwangsläufig denkt man bei dieser Vorstellung an das Christentum, das ebenfalls Elemente enthält, die man auch in den Mysterien findet. Nur Zufall? Der evangelische Theologe Rudolf Bultmann (1884–1976) war der Meinung, dass die Menschen in den ersten nachchristlichen Jahrhunderten diese neue Religion wohl als Mysterienkult empfanden. Oft beschreiben die Kirchenväter die christlichen Sakramente als »Mysterium der Taufe« oder »Mysterium des Abendmahls«.

„Die Kastration … als Wiedergeburt der Seele …“

Der christliche Glaube entstand zu einer Zeit, als viele Menschen die religiöse Gewissheit in Mysterien suchten. Und auch im Christentum steht die wundersame Auferstehung des Gottessohnes im Zentrum, ganz abgesehen von der geheimnisvollen Dreieinigkeit Gottes und der mysteriösen Wandlung des Weines und des Brotes in Blut und Leib Christi während der Eucharistie. Doch das Christentum war nicht einem Fruchtbarkeitskult entwachsen, sondern dem monotheistischen Judentum. Und: Die christliche Botschaft wurde jedem ohne Vorbedingung eröffnet, wobei allerdings die tiefe Einsicht nur durch den Glauben zu erlangen war. Außerdem verstanden es die frühen

Christen, sich der Sprache der Mysterien zu bedienen, um die Anhänger dieser Kulte für die eigene Religion zu gewinnen. Der Kirchenvater Clemens von Alexandria (er starb ca. 215 n. Chr.) schrieb an die Heiden: »Komm, ich will dir den Logos zeigen und die Mysterien des Logos, und ich will sie dir erklären in Bildern, die dir vertraut sind.« Er wusste, wie das in den Ohren der Mysterienanhänger klingen würde.

Zudem wählten die Kirchenväter den 25. Dezember als Geburtstag Christi. Eigentlich war dieses Datum bereits als Geburtstag des Mithras, beziehungsweise des Sonnengottes (Sol invictus) belegt. Die Kirchenväter wollten damit die Mithrasanhänger für Jesus als den wahren Mithras gewinnen. Auch die Göttin Isis wurde für christliche Zwecke beansprucht. Statuen, die sie mit ihrem Kind Harpokrates zeigen, waren in der Antike sehr verbreitet. Schon im 4. Jahrhundert erschienen die ersten Marienbilder mit dem Jesuskind auf dem Schoß. Unter Maria war ein Sichelmond zu sehen – ein Symbol der Isis.

Als das Christentum mit seinem hohen moralischen Anspruch im 3. Jahrhundert immer mehr Zulauf fand, reagierten die Mysterienkulte auf diese Herausforderung, indem sie ihre eigenen sterbenden Götter nach christlichem Vorbild zum Erlöser umbildeten. Doch die Zeit arbeitete gegen sie. Die Stunde der Wahrheit hatte für die heidnischen Mysterien geschlagen. Im Jahr 380 erklärte der römische Kaiser Theodosius I., der Große, das Christentum zur Staatsreligion. In den nächsten Jahrzehnten verschwanden die Mysterien beinahe vollständig. Wo Tempel standen, errichtete man Kirchen. Kein Wunder: Das Christentum hatte letztlich mehr zu bieten – inklusive einer Fürsorge für die Armen. Außerdem waren die Christen besser organisiert als die Mysterienkulte, die nie eine Vernetzung der Gemeinden entwickelten, wie es die Christen taten. Diese schufen eine überregionale Organisation der Kirche, die der politischen Struktur des Staates nachgebildet war und diesen sogar ersetzen konnte.

»Die Stunde der Wahrheit hatte für die heidnischen Mysterien geschlagen …«

Ganz verschwanden die Mysterien indes nicht. Immerhin beteten die Bauern in der Gegend um das Alte Eleusis noch im 19. Jahrhundert eine heilige Demetria an. Sie wachte darüber, dass das Korn besonders schön wuchs …

Caesar und die Frauen

Der Kampf um Sex, Geld und Macht im Alten Rom

Von Antje Windgassen

Geradezu ein Leitspruch des Gaius Julius Caesar, der nicht nur auf den Schlachtfeldern und in der Politik ein Draufgänger war, sondern auch in der Liebe, ist sein berühmter Satz: »Ich kam, sah und siegte.« Schon seine Biografen aus dem ersten nachchristlichen Jahrhundert haben sich des Themas angenommen. »Caesar neigte in höchstem Grade dazu, sich zu verlieben, und hatte mit den meisten Frauen, mit denen der Zufall ihn zusammenführte, ein Verhältnis«, schrieb der griechische Historiker Plutarch. Der römische Schriftsteller Sueton stellte fest: »Caesar war der Wollust verfallen. Er liebte alle Frauen. Huren ebenso wie die Gemahlinnen seiner Freunde.« Ohne Zweifel spielten Frauen in Caesars Leben eine große Rolle, aber gewiss war es nicht nur die Liebe, die ihn in die Arme der Schönen, Reichen und Mächtigen trieb. Fest steht, dass die ehelichen wie die außerehelichen Beziehungen des großen Imperators immer auch mit Politik oder mit finanziellen Erwägungen zu tun hatten.

Rom im Jahr 100 v. Chr.: Die Metropole drohte aus allen Nähten zu platzen, war ein Labyrinth aus Straßen und Gässchen, staubig, stinkend, brodelnd. In der Subura, einem nicht gerade vornehmen, dicht bevölkerten Stadtteil östlich des Forums, lebte auch die Sippe der Julier, ein uraltes Adelsgeschlecht aus Alba Longa. Die Familie führte ihren Stammbaum zurück auf Julus, den Enkel der Göttin Venus und Sohn des Aeneas, dessen Nachkommen der Legende nach vor langer Zeit Rom gegründet hatten. Doch so alt und vornehm die Julier auch waren, in der Politik hatten sie bisher keine herausragende Rolle gespielt, und ihre Stellung entsprach zur Zeit von Caesars Geburt kaum ihrer vornehmen Herkunft. So sah auch die Zukunft für den jungen Gaius Julius alles andere als rosig aus. Immerhin gelang es dem Vater, seinem 13-jährigen Sprössling das Amt eines Jupiter-Priesters zu verschaffen. Eine Stellung, die gesellschaftliches Ansehen und ein angemessenes Einkommen versprach, doch mit Bedingungen verknüpft war: Ein Jupiter-Priester hatte sich von der Politik fern zu halten und durfte nur eine einzige Frau für das ganze Leben nehmen. Zweifellos merkwürdig anmutende Auflagen für einen Mann, aus dem einmal Roms größter Politiker und Liebhaber werden sollte. Als die Eltern den 13-Jährigen mit der um ein Jahr jüngeren Cossutia verlobten, die zwar nur dem Ritterstand angehörte, aber dafür sehr reich gewesen sein soll, war sein Frauen-Kontingent also bereits erschöpft.

Doch Caesar hatte schon in jungen Jahren seinen eigenen Kopf. Er nahm zwar die Verlobung widerspruchslos hin, hielt sich jedoch von Cossutia fern und löste gleich nach dem Tode seines Vaters die Verbindung wieder auf. Gerade 16 Jahre alt, hielt er nun um die Tochter des mächtigen Konsuls Cinna an, dessen Einfluss ihm vielversprechend erschien. Dem Konsul blieb keine andere Wahl, als dieser Heirat zuzustimmen, da die beiden jungen Leute die Hochzeitsnacht bereits vorgezogen hatten und Cornelia schwanger war. Die kleine Julia, die kurz nach der Eheschließung das Licht der Welt erblickte, verhalf ihrem Vater zu einer überaus günstigen Partie. Doch wie sich bald herausstellen sollte, hatte Caesar auf das falsche Pferd gesetzt. Zwei Jahre später kam es zu einem Machtwechsel, und der neue Diktator Sulla forderte seinen Jupiter-Priester auf, sich von Cornelia scheiden zu lassen, weil ihr Vater sein erbittertster Gegner gewesen war. Alles, was an Cinna erinnerte, sollte vergessen werden. Doch der nunmehr 18-Jährige bot Sulla die Stirn. Caesar dachte überhaupt nicht daran, seine Frau zu verstoßen, und ließ sich auch nicht durch die Einziehung von Cornelias Vermögen und seinen eigenen Ausschluss aus der Priesterschaft beeindrucken.

„Ein Mann, aus dem einmal Roms größter Politiker und Liebhaber werden sollte …“

Als stolzer Adliger nahm er schließlich keine Anweisungen von einem Emporkömmling entgegen, und außerdem: Ein Patron stand verlässlich zu seinen Freunden und Abhängigen. Diese Entscheidung hätte den Julier das Leben kosten können, denn Sulla setzte ihn nun auf die Liste der Staatsfeinde und erklärte ihn damit für vogelfrei. Caesar musste untertauchen und war gezwungen, Nacht für Nacht sein Versteck zu wechseln. Einige Male ging er Sullas Häschern sogar ins

Netz, aber er konnte sich immer wieder freikaufen. Käuflich war schließlich jedermann, vom Konsul bis zum Freigelassenen, alles war nur eine Frage des Preises. Schließlich gelang es Caesar, die Vestalischen Jungfrauen als Verbündete zu gewinnen. Sie, denen keine Bitte abgeschlagen werden durfte, machten sich zu seinen Fürsprechern und zwangen Sulla, den Julier zu begnadigen.

Da Caesar den Versprechungen des Diktators misstraute, verpflichtete er sich zu drei Jahren Militärdienst im Osten des Reiches. Es erschien ihm für sein Leben zuträglicher, Rom eine Weile fernzubleiben. Während dieser Zeit zeichnete sich Caesar bei der Einnahme der Insel Lesbos aus. Er wurde dann von seinem Vorgesetzten nach Bithynien entsandt, um dort, südlich des Schwarzen Meeres, König Nikomedes an die vereinbarte Überlassung einer Flotte zu erinnern. Er kam diesem Befehl auch eifrig nach, zu eifrig, wie Sueton tadelnd berichtete: »Bei der Gelegenheit gab der Julier dem König seine Keuschheit preis.« Ein homosexuelles Abenteuer Caesars? Das ist umstritten. Doch zwei Tatsachen sprechen dafür: Erstens hatte ein junger Römer ganz selbstverständlich neben seiner Geliebten auch einen Freund, mit dem er hin und wieder das Lager teilte. Zweitens war die homoerotische Neigung zu Nikomedes offenbar kein Einzelfall. Durch ein Spottgedicht des Dichters Catull erfuhr die Welt von Caesars Affäre mit dem Ritter Mamurra, und Sueton erwähnt in seiner Biografie noch »Rufio, seinen liederlichen Geliebten«, mit dem Caesar während seines Aufenthalts in Ägypten ein Verhältnis gehabt haben soll.

„Ein homosexuelles Abenteuer Caesars … “

Ohne Zweifel fühlte Caesar sich von Schönem angezogen, von schönen Frauen, schönen Männern, schönen Dingen. Wo immer er sich aufhielt, umgab er sich damit. So schleppten gut gewachsene Sklaven auf seinen Feldzügen Marmorfliesen und Mosaikplatten mit, um dem Imperator im Feldherrnzelt einen ansprechenden Fußboden auszulegen. Auch schöne Kleider schätzte Caesar: In seiner Jugend zeigte er sich besonders eitel und kleidete sich auffallend. Er trug hohe rote Schuhe, eine nachlässig gegürtete Tunika mit Fransen und – wie schockierend im Alten Rom – lange Haare.

Sueton schrieb dazu: »In der Körperpflege war er geradezu pingelig. Er ließ sich nicht nur sorgfältig scheren und rasieren, nein, einige behaupten sogar, er habe sich die Haare am ganzen Körper ausrupfen lassen.« Diktator Sulla warnte: »Nehmt euch in Acht vor dem nachlässig gegürteten Knaben.« Und Cicero stellte voller Verachtung fest: »Wenn ich schon sehe, mit welch übertriebener Sorgfalt er sein Haar pflegt ...« Zeit seines Lebens legte Caesar großen Wert auf sein Äußeres, und so bereitete es ihm auch einigen Kummer, als sein Haar in späteren Jahren immer spärlicher wurde. Sorgfältig bürstete er die verbliebenen Strähnen nach vorn und freute sich besonders, als ein Senatsbeschluss es ihm erlaubte, ständig den Lorbeerkranz zu tragen.

Nach Sullas Tod (78) kehrte Caesar nach Rom zurück, fest entschlossen, als Politiker und Feldherr Karriere zu machen. Sein Ziel war es, Konsul zu werden, das brachte den größten Ruhm. Allerdings verschlangen die Wahlkämpfe enorme Summen, über die Caesar nicht verfügte. Also stürzte sich Gaius – ohnehin stets knapp bei Kasse – in immer größere Schulden, je höher er die Karriereleiter hinaufstieg. Er kämpfte ums Überleben und war bereit, jede Gelegenheit zu nutzen. So scheute er sich auch nicht, beim unerwarteten Tod seiner jungen Frau Cornelia eine Leichenrede zu halten, bei der er leidenschaftlichen Schmerz demonstrierte und so die Zuneigung seiner Wähler gewann. Ironisch notierte Plutarch: »Die Menge liebte den zartfühlenden, tief empfindenden Mann in ihm.« Immerhin ließ es sich der tief empfindende Witwer nicht nehmen, wenig später erneut zu heiraten. Pompeja hieß die Auserwählte, und es ist sicher, dass Caesar sie nur ihrer reichen Mitgift wegen geheiratet hat. Mit ihrem Geld und dem Einfluss ihrer Familie kandidierte er im Jahre 63 für das Amt des »Pontifex Maximus«. Der Oberpriester und Vorsteher des 400 Köpfe zählenden Priesterkollegiums, der auf Lebenszeit gewählte Hüter der Staatsreligion, war einflussreicher als jeder Beamte. Als Caesar am Morgen der Wahl sein Haus verließ, soll er zu seiner Mutter Aurelia gesagt haben: »Ich werde entweder als Pontifex Maximus oder gar nicht zurückkehren.« Er hatte alles auf eine Karte gesetzt und gewann die Wahl mit überwältigender Mehrheit.

„Zeit seines Lebens legte Caesar großen Wert auf sein Äußeres ...“

Ein Jahr war Caesar im Amt, als man in Rom zu tuscheln begann, dass der Pontifex Maximus seine Ehefrau vernachlässige. Pompeja hatte nämlich ein Verhältnis mit Publius Claudius, einem gut aussehenden

Jüngling und stadtbekannten Schürzenjäger. Seine Frau betrog ihn mit einem anderen Mann? Das traf den Julier zutiefst. Nicht, weil er etwa eifersüchtig gewesen wäre, nein, Pompeja war ihm mehr als gleichgültig, aber als Religionshüter konnte er sich einfach keinen Skandal leisten. Als Publius Claudius dann auch noch zu dem religiösen, allein den Frauen vorbehaltenen Fest »Bona Dea« als Harfenspielerin verkleidet erschien und entdeckt wurde, kam es zum Eklat. Caesar blieb keine andere Wahl, als seiner Gattin den Scheidebrief zu senden, was ihm nicht sonderlich schwer fiel, da ihre einst so reiche Mitgift ohnehin aufgebraucht war.

„Als Religionshüter konnte er sich einfach keinen Skandal leisten ...“

Es blieb jedoch nicht bei der Scheidung. Publius Claudius wurde wegen »Religionsfrevels« angeklagt, da die Anwesenheit eines Mannes auf dem »Bona-Dea-Fest« nicht ungesühnt hingenommen werden konnte. Es kam zum Prozess. Caesar wurde als Zeuge geladen und erklärte in aller Gemütsruhe, dass er an eine Untreue Pompejas eigentlich nicht glaube. Verwirrt sahen ihn die Richter an und wollten wissen, warum er sich dann überhaupt von seiner Gattin getrennt habe. »Warum?« Caesar lächelte. »Weil ich keine Frau in meinem Hause dulde, auf der auch nur der Schatten eines Verdachts liegt.« So zog er sich aus der Affäre, ohne sein Gesicht zu verlieren, und konnte sich gleichzeitig den jungen Claudius verpflichten. Der wurde auch prompt von den Geschworenen freigesprochen und diente Caesar von nun an als ergebenes Werkzeug.

Caesar hatte im Jahr 59 v. Chr. endlich sein Ziel erreicht: Er wurde zum Konsul gewählt. Um seine Macht zu festigen und abzusichern, griff er auf ein bewährtes Mittel zurück und bediente sich wieder einmal der Frauen. Zum einen bekräftigte er sein frisch geschlossenes Bündnis mit dem populären Feldherrn Pompejus, indem er diesem seine Tochter Julia zur Frau gab – dass er dafür den Bräutigam Julias, seinen späteren Mörder Brutus, vor den Kopf stieß, störte ihn wenig. Zum anderen beschloss er, selbst wieder zu heiraten. Diesmal fiel seine Wahl auf Calpurnia, die Tochter des reichen Konsuls Lucius Piso. Volkstribun Cato klagte deswegen vor dem Senat: »Es ist unerträglich, wie mit Hochzeiten Politik gemacht wird und wie man sich mit Weibern Ämter und Provinzen zuschanzt.«

Caesar war jedoch schon zu mächtig, als dass ihm diese Worte hätten schaden können. Seine politische Karriere war gesichert, seine Erfolge als Feldherr sprichwörtlich und die Römer und seine Soldaten liebten ihn. Ein Mann dieser Ausstrahlung machte natürlich auch auf Frauen einen tiefen Eindruck und ließ sie reihenweise schwach werden. Seine Liebesabenteuer waren in aller Munde, und in erster Linie schienen es vornehme und mit einflussreichen Persönlichkeiten verheiratete Damen zu sein, die ihm ihre Gunst schenkten. Da ist zum Beispiel Postumia zu nennen, die Gattin des bedeutenden Juristen Servius Sulpicius Rufus, der unter ihrem Einfluss seinen Widerstand gegen Caesars Politik aufgab. Auch Tertullia, die Frau des Licinius Crassus, und Mucia, die zweite Gemahlin des Pompeius, sollen den Julier erhört und Einfluss auf ihre Männer genommen haben, als er mit ihnen im Triumvirat verbündet war. Caesar hatte keine Skrupel, sich des Geldes des einen wie der Macht des anderen zu bedienen und gleichzeitig in ihre Häuser und Ehebetten einzudringen. Er war für seine Leidenschaften berühmt, und seine Soldaten grölten, wenn es mal wieder einen Sieg zu feiern gab, voller Stolz in den Straßen Roms: »Städter, hütet eure Weiber. Den kahlen Buhler führen wir her.« Doch auch Gegenstimmen wurden immer vornehmlicher. So höhnte der Volkstribun Curio: »Caesar ist der Mann aller Frauen und (in Anspielung auf seine homosexuellen Abenteuer) die Frau aller Männer.« Und sein Mit-Konsul Calpurnius Bibulus fluchte: »Bithynische Königin.«

„Caesar war jedoch schon zu mächtig, als dass ihm diese Worte hätten schaden können …“

Im Jahre 48 v. Chr. begegnete Caesar endlich seiner Meisterin – der Frau seines Lebens: Kleopatra. Die Liebe zu der ägyptischen Königin warf ihn fast aus der Bahn, ließ ihn zeitweilig Rom und den Krieg vergessen. 18 Jahre war Kleopatra alt gewesen, als sie, gemeinsam mit Ptolemaios XIII., ihrem Bruder und Gatten, auf den Thron der Pharaonen gelangte. Nach drei Jahren gemeinsamer Herrschaft, voller Zank und Intrigen, wurde Kleopatra von ihrem Bruder vertrieben. Caesar, in seiner Eigenschaft als römischer Konsul, wollte nun als Schiedsrichter bei den Thronstreitigkeiten fungieren. Er bestellte die verfeindeten Geschwister zu sich – er residierte gerade in Alexandria –, doch

Kleopatra zog eine Unterredung unter vier Augen vor. So kam es, dass eines Abends, im Oktober des Jahres 48 v. Chr., die Wachen die Ankunft eines griechischen Händlers meldeten, der Caesar dringend zu sprechen wünschte. Der Mann wurde vorgelassen und legte ein Bündel vor dem Konsul nieder, öffnete das Gepäckstück, entrollte es behutsam und – zum Vorschein kam Kleopatra.

So standen sie sich also unerwartet gegenüber, die 21-Jährige, die nicht gerade eine strahlende Schönheit gewesen sein soll, deren Charme aber außer Frage steht, und der alternde, berühmte Feldherr, dessen Ruf als Draufgänger und Frauenheld man auch in Alexandria kannte. Schwer zu sagen, wer von beiden auf den anderen mehr Anziehung ausübte. Fest steht jedoch, dass Caesar neun Monate in Ägypten blieb, allen dringenden Aufgaben zum Trotz. Mochte in Rom auch der Bürgerkrieg toben und die östlichen Provinzen rebellieren, für Caesar schienen nur noch zwei Dinge wichtig zu sein: Kleopatras Zuneigung und ihre Rückführung auf den Thron.

Um Letzteres zu erreichen, musste Ptolemaios XIII. beseitigt werden. Caesar schlug das Heer des 14-jährigen Königs, der auf der Flucht ertrank. Er verheiratete seine Geliebte, die im sechsten Monat von ihm schwanger war, mit ihrem jüngeren Bruder Ptolemaios XIV. Die Königsherrschaft war gefestigt und keiner konnte Kleopatra den Thron streitig machen. Anschließend unternahmen der Imperator und die Pharaonin auf der königlichen Barke eine Fahrt auf dem Nil. Feste, Bankette und die Liebe Kleopatras füllten Tage und Nächte. Nach ihrer Rückkehr brachte die Königin einen Sohn zur Welt: Ptolemaios Caesar Theos Philopator Philometor, der von aller Welt jedoch nur Caesarion (kleiner Caesar) genannt wurde. Nach Aussage griechischer Schriftsteller soll er später Caesars Ebenbild gewesen sein. Sicher wäre der Julier gern noch länger in Alexandria geblieben, aber ein Aufstand in Syrien erinnerte ihn so nachdrücklich an seine Pflichten, dass seine Abreise nicht länger verschoben werden konnte.

„Im Jahre 48 v. Chr. begegnete Caesar der Frau seines Lebens …“

Caesar ließ drei Legionen zum Schutze Kleopatras zurück und ging nach Syrien. Kaum hatte er jedoch Ägyptens Grenzen hinter sich gelassen, als in ihm auch schon wieder der alte Stratege erwachte. Er befriedete eilig die aufständischen Provinzen und kehrte dann Ende 47 nach Rom zurück, um auch dort Ruhe und Ordnung wiederherzustellen. Danach machte er sich auf den nächsten Feldzug und erweiterte das römische Weltreich um die Provinz Numidien. Kleopatra schien vergessen. In dieser Zeit hatte Caesar eine glühende Liebesbeziehung zu Eunoe, der schönen Gemahlin seines Verbündeten, des mauretanischen Königs Bogud. Eunoe diente als Vermittlerin zwischen beiden Herrschern und ließ sich ihre Gunst und ihre Fürsprache mit teuren Geschenken bezahlen. Mit reicher Kriegsbeute kehrte Caesar nach Rom zurück und präsentierte dem Volk Gladiatorenkämpfe, Tierhatzen mit Löwen und Giraffen, die man aus Afrika mitgebracht hatte, und Schiffsgefechte auf einem künstlichen See. Die Römer feierten, als sich ein unerwartetes Schauspiel ankündigte: Kleopatra, die Königin von Ägypten, war mit großem Gefolge und dem jungen Caesarion in Italien gelandet, um die Hauptstadt zu besuchen. Caesar kam die Ägypterin höchst ungelegen, zumal seine große Liebe zu ihr längst erloschen war. Doch blieb ihm nichts anderes übrig, als die Königin willkommen zu heißen.

„In dieser Zeit hatte Caesar eine glühende Liebesbeziehung zu Eunoe, der schönen Gemahlin seines Verbündeten …“

Offiziell hieß es, Kleopatra käme, um einen alten Beistandspakt zu erneuern. Doch sie hatte ein anderes Ziel: ein römisch-ägyptisches Weltreich mit der Hauptstadt Alexandria. So dachte sie auch nicht daran abzureisen, als der erwünschte Vertrag unterzeichnet war, sondern bemühte sich erneut um Caesars Gunst. Das gelang auch, aber als der Julier hinter ihre eigentlichen Pläne kam, fühlte er sich missbraucht und brach den Kontakt ab. Trotzdem ging ein Gerücht in Rom um: dass es der Ägypterin gelungen sei, den Diktator zu überreden, die Hauptstadt des Weltreiches nach Alexandria zu verlegen.

Das Misstrauen gegen Caesar wuchs, seine Herrschaft wurde als Tyrannei empfunden, die Opposition formierte sich. Und so flehte Calpurnia, Caesars dritte Frau, ihren Gatten am Morgen des 15. März 44 an, die geplante Sitzung abzusagen, doch Marcus Junius, einer der Drahtzieher des Attentats, konnte nie verwinden, dass Caesar mit seiner Mutter Servilia früher ein Verhältnis gehabt hatte. Als der Julier wenig später im Senat erschien, erwarteten ihn seine Mörder. Wenige

Tage nach der Bluttat übergab die Witwe dem jungen Marcus Antonius die Akten, Pläne und Aufzeichnungen ihres Mannes, damit Caesars Lebenswerk zumindest teilweise fortgesetzt werden konnte. Kleopatra hingegen kehrte nach Ägypten zurück. Ihr Traum von einem römisch-ägyptischen Weltreich war vorerst ausgeträumt. Der spätere Versuch, ihn mit der Hilfe des Marcus Antonius zu realisieren, endete mit ihrem Selbstmord.

„Das Misstrauen gegenüber Caesar wuchs, seine Herrschaft wurde als Tyrannei empfunden …“

Der Ruf des Gaius Julius Caesar hat zwanzig Jahrhunderte überdauert. Noch heute lesen die Lateinschüler an den Gymnasien sein Buch vom »Gallischen Krieg«, mit dem der gerissene Feldherr und Diplomat sein Ansehen aufpolierte. Was man als Schüler kaum erfährt: Sein Ziel, der Erste im Rom zu werden, erreichte der Diktator mit der Hilfe von Frauen – die ihm, dem Liebling der Götter, nicht widerstehen konnten – und die ihm letztlich auch zum Verhängnis wurden.

Nach ihrem Tanz forderte sie den Kopf des Johannes

Salome, Herodes und der fromme Prediger aus der Wüste

Von Leo Sillner

Keiner konnte zu seiner Zeit nacktes Fleisch so deftig malen wie Lovis Corinth (1858–1925). Da beugt sich eine schöne Frau, die schwellenden Brüste entblößt, über den Kopf eines Mannes. Ein nackter Mann präsentiert ihr einen abgeschlagenen Kopf demütig in einer Schale. Daneben steht der Henker, ebenfalls nackt bis auf den Lendenschurz, das blutige Schwert in der Hand. Die Frau ist Salome. Sie hat soeben die Enthauptung Johannes des Täufers veranlasst und weidet sich nun am Anblick ihres Opfers. Neugierde ist die beherrschende Regung in ihrem Gesicht. Natürlich hat der Maler seine Fantasie kräftig spielen lassen. Zugrunde aber liegt ein Ereignis, an dessen historischer Faktizität keine Zweifel bestehen – ein Ereignis, das nicht nur die Maler, sondern auch Schriftsteller und Opernkomponisten inspiriert hat, man denke etwa an Oscar Wilde und Richard Strauss. Über den Vorfall – Verhaftung und Hinrichtung von Johannes dem Täufer und die Rolle, die Salome dabei spielte – berichten uns die Evangelien des Neuen Testaments sowie der jüdische Historiker Josephus Flavius (37–100 n. Chr.). Restlose Klarheit allerdings ist von ihnen nicht zu gewinnen. Wer in der Bibel liest, weiß, wie knapp und oft auch verklausuliert die Angaben sind. Manches kann bis heute allenfalls logische Überlegung sein.

Johannes der Täufer, der zur Zeit von Jesus lebte und wirkte, gilt als »Vorläufer« Christi und ist von außerordentlicher Bedeutung für die Entstehung der christlichen Religion. Aber auch im Islam genießt er Respekt als einer der Propheten; im Koran wird die (biblische) Geschichte von der Verkündigung seiner Geburt erzählt. Zacharias, ein jüdischer Priester, war schon betagt, als ihm verkündet wurde, dass seine Frau Elisabeth einen Sohn gebären werde – so auch das Lukas-Evangelium. Das war ungefähr zur gleichen Zeit, in der auch Jesus geboren wurde. Der genaue Ort dieses Ereignisses im Bergland von Judäa ist unbekannt.

Johannes entschloss sich als junger Mann, seinem Vater nicht im Priesteramt zu folgen, sondern zog sich in die »Wüste« – gemeint ist damit eher die Einöde – zurück. Von tiefer Religiosität ergriffen, suchte er die Abgeschiedenheit, um zu meditieren, und lebte, wie es heißt, von »Heuschrecken und wildem Honig«, also von kärglichster Nahrung. Die unbewohnte Einöde spielte schon im Alten Testament eine wichtige Rolle für Menschen, die Besinnung suchten und die meditative Zwiesprache mit Gott. Wie viele Jahre dieses Leben in der Einsamkeit dauerte, lässt sich nicht ermitteln. Johannes trat erst an das Licht der Öffentlichkeit, als er sich nach dieser Vorbereitung berufen fühlte, den Menschen zu predigen. Das war um das Jahr 28 n. Chr. Im Lukas-Evangelium heißt es dazu: »Da erging in der Wüste das Wort Gottes an Johannes, den Sohn des Zacharias. Und er zog in die Gegend am Jordan und verkündete dort überall Umkehr und Taufe zur Vergebung der Sünden.« (Lukas 3,2 ff.)

Das Volk der Juden, zwar mit eigener Verwaltung und auch Regierung, aber den Römern untertan, war zu dieser Zeit voller Hoffnung auf die Ankunft des Messias. Das Wort bedeutet »der Gesalbte«; das Gleiche meint das griechische Wort »Christos«. Eigentlich erwarteten die Juden schon lange einen Messias aus dem Haus des Königs David als Erlöser von der Fremdherrschaft. Diese Messias-Erwartung hatte also einen durchaus politischen Grund. Sie war indessen zu Zeiten des Johannes zurückgetreten hinter der Erwartung eines eschatologischen Messias, das heißt eines Heilskönigs oder Erlösers, der das Ende der bisherigen Welt herbeiführt, weil sie so unvollkommen ist, und ein neues Gottesreich einrichtet. Das war es, was Johannes nun den Menschen predigte.

„Das Volk der Juden war voller Hoffnung auf die Ankunft des Messias …“

In einem rauen Gewand aus Kamelhaaren – ganz so wie die früheren Propheten – zog er durch das Land im Umkreis des Flusses Jordan zwischen dem See Genezareth im Norden und dem Toten Meer im Süden und rief die Menschen zur Buße auf: »Tut Buße, das Königreich Gottes ist nahe!« Buße für das bisherige sündhafte Leben war die Voraussetzung für die Ankunft des Messias. Schon die altisraelitischen Propheten in den Jahrhunderten zuvor hatten solche Erwartungen ausgesprochen. Johannes tat das nun mit einer neuen Dringlichkeit.

Äußeres Zeichen für die Bußfertigkeit und zugleich Reinigung und Vorbereitung auf ein neues Leben in der Gemeinschaft mit Gott war die Taufe. Es wird berichtet, dass sich die Menschen in Scharen taufen ließen. Auch Jesus unterzog sich zu Beginn seiner öffentlichen Tätigkeit dieser Zeremonie im Jordan.

Weil die Menschen in so großen Scharen zu Johannes kamen, zog er bald die Aufmerksamkeit des Herodes Antipas, Landesfürst von Galiläa und Peräa (westlich und östlich des Jordans) auf sich. Und damit begann sich der Knoten zu schürzen, der zur Hinrichtung des Täufers und zu der zweifelhaften Berühmtheit Salomes führen sollte. Josephus Flavius hat die Situation in seinem ›Jüdischen Krieg‹ festgehalten: »Da nun infolge der wunderbaren Anziehungskraft solcher Reden eine gewaltige Menschenmenge zu Johannes hinströmte, fürchtete Herodes, das Ansehen dieses Mannes, dessen Rat allgemein befolgt zu werden schien, möchte das Volk zum Aufruhr treiben, und hielt es daher für besser, ihn rechtzeitig, ehe er noch Neuerungen eingeführt habe, aus dem Weg zu räumen.« Die römischen Besatzer teilten diese Befürchtung.

„Da nun eine gewaltige Menschenmenge zu Johannes hinströmte …“

Um die weitere Entwicklung besser zu verstehen, muss man sich mit der Sippschaft des Herodes vertraut machen. Herodes Antipas, 20 v. Chr. geboren, war der Sohn von Herodes dem Großen. Diesen Herodes hatten die Römer 37 v. Chr. als König über fast ganz Palästina eingesetzt. Er war Rom treu ergeben und regierte wie ein absoluter Fürst über seine jüdischen Untertanen. Ihm wird übrigens auch am Ende seiner Regierungszeit im Jahre 4 v. Chr. der bethlehemitische Kindermord zugeschrieben, bei dem es sich aber wohl um eine Legende handelt. Wegen der komplizierten verwandtschaftlichen Verhältnisse innerhalb der herodianischen Familie sind in das Drama um Johannes den Täufer noch zwei weitere Söhne involviert: Aristobulus und Philippus, Halbbrüder von Antipas. Aristobulus hatte eine Tochter namens Herodias. Sie heiratete zunächst Philippus, ihren Onkel. Das war zwar so etwas wie ein juristischer Grenzfall nach dem mosaischen Gesetz. Aber in orientalischen Herrscherfamilien nahm man es ganz allgemein nicht so genau, wenn es um Verwandtenehen ging. Aus der Ehe der Herodias mit Philippus ging eine Tochter hervor: Salome.

Herodes Antipas war in erster Ehe mit einer Tochter des Nabatäer-Königs Aretas verheiratet (die Nabatäer waren ein nordwestarabisches Volk). Doch dann begehrte er seine Nichte und Schwägerin Herodias. Sie schien ihm die geeignete Frau für seine Machtpläne zu sein. Zudem war er auch erotisch von ihr fasziniert. Also verstieß er seine erste Frau, entführte Herodias und heiratete sie. Einen Zwang musste er nicht ausüben, denn Herodias war ehrgeizig und fühlte sich von seinem Machtstreben angezogen. Diese Ehe nun fand im Volk keinerlei Verständnis. Unmut machte sich allenthalben breit, zumal Antipas wegen seines strengen Regimes verhasst war. Und diese als schwere Sünde empfundene Ehe fiel nun auch noch in eine Zeit, in der sich so viele Menschen der Sünden fürchteten und nach Buße verlangten. So griff auch Johannes den Fall auf und tadelte Herodes in aller Öffentlichkeit.

Mehr noch als Antipas fühlte sich Herodias davon betroffen. Es wird für wahrscheinlich gehalten, dass sie Johannes zuvor schon persönlich begegnet war. Als charismatischer Mann dürfte er sogar ihr starkes erotisches Temperament angesprochen haben – und sie wurde von ihm wohl zurückgewiesen. Mehr noch: Manche Autoren spekulieren sogar, dass Herodias mit dem Gedanken einer Verbindung zwischen Johannes und ihrer Tochter Salome gespielt habe, gleichsam um ihn so zu neutralisieren. Salome mit ihren 14 oder 15 Jahren stammte ja nicht nur aus bestem Haus, sondern war auch eine höchst attraktive, wohl etwas üppige Schönheit, wie das dem Geschmack der Zeit entsprach. Natürlich musste der Asket Johannes das ablehnen. Auch das würde den Hass der Herodias erklären. Sie war es, die ihren Mann Herodes letztlich bewog, mit allen Mitteln gegen den Täufer vorzugehen. So ließ ihn Antipas festnehmen.

„Doch dann begehrte er seine Nichte und Schwägerin …“

Der Täufer wurde auf die Festung Machärus gebracht. Die gewaltige Anlage lag auf einer Anhöhe in der trostlosen Bergwüste des Moab östlich des Toten Meeres. Johannes war nun »weggesperrt«, aber man behandelte ihn nicht schlecht oder gar grausam. Man darf vermuten, dass sich unter dem Wachpersonal Leute befanden, die heimlich zu seinen Anhängern gehörten und die deshalb um sein leibliches Wohl besorgt waren. Herodes hatte auch erlaubt, dass Johannes seine engsten Jünger empfangen durfte. Er hielt ihn ja trotz allem Ärger für einen heiligen Mann. Aber nicht nur das. Allem Anschein nach hat auch Herodes Antipas den Täufer im Gefängnis aufgesucht. Im Markus-Evangelium (6,20) heißt es: »... Darum schützte er (Herodes, d. Red.) ihn. Sooft er mit ihm sprach, wurde er unruhig und ratlos, und doch hörte er ihm gern zu.« Ihm hätte es vielleicht genügt, dass er den Widersacher hinderte, weiterhin öffentlich tätig zu sein. Aber dann kam es doch anders. Das Ende des Dramas vollzog sich auf einem Geburtstagsfest, das Herodes gab.

»Eines Tages ergab sich für Herodias eine günstige Gelegenheit«, heißt es im Markus-Evangelium (6,21). »An seinem Geburtstag lud Herodes seine Hofbeamten und Offiziere zusammen mit den vornehmsten Bürgern von Galiläa zu einem Festmahl ein.« Die Feiern des Herodes waren üppig, denn er protzte gern, vor allem vor römischen Gästen. Und man berauschte sich mit Wein. Auch Herodias und Salome waren anwesend. Der Höhepunkt des Festes sollte der Schleiertanz der Salome sein. Der Schleiertanz krönte jedes Bankett im Orient. Ausgesucht schöne Mädchen, jung, aber bereits mit voll entwickelten Reizen, waren mit durchsichtigen Schleiern drapiert, die mehr enthüllten als verhüllten. Der Tanz war jahrelang Bestandteil ihrer Erziehung, und die Mädchen beherrschten zahlreiche Figuren und Gesten, die die lasziven Fantasien der Gäste anheizten. Salomes Tanz war perfekt, so wird berichtet. Auch Stiefvater Antipas war hingerissen von der erotischen Atmosphäre und von der Lust seiner Gäste und schwor: »Wünsch dir, was du willst; ich werde es dir geben.« Man muss davon ausgehen, dass das Ganze ein abgekartetes Spiel zwischen Herodias und Salome war. Denn auf die Frage Salomes an ihre Mutter, was sie erbitten sollte, antwortete Herodias, ohne zu überlegen: »Den Kopf des Täufers Johannes.« Und Salome wandte sich an ihren Stiefvater: »Ich will, dass du mir sofort auf einer Schale den Kopf des Täufers Johannes bringen lässt.«

„Johannes war nun ‚weggesperrt' ...“

Damit brachte sie Herodes allerdings in große Verlegenheit. So etwas hatte er weder beabsichtigt noch erwartet. Aber er hatte sein Versprechen in einen Eid gekleidet und wollte sich auch nicht vor seinen Gästen blamieren. Und so gab er dem Henker den Befehl. »Der Scharfrichter ging und enthauptete Johannes. Dann brachte er den Kopf auf einer Schale, gab ihn dem Mädchen, und das Mädchen gab ihn seiner Mutter.« – Alles nachzulesen im 6. Kapitel des Markus-Evangeliums. Bei den Gästen gab es keinen Widerspruch. Es war ja alter Brauch, sich auf solche Weise kurzerhand eines Widersachers ohne Anklage zu entledigen. Herodias aber hatte ihre Rache und Herodes brauchte die Anschuldigungen des Johannes nun überhaupt nicht mehr zu fürchten. Salome nahm die Ereignisse nur neugierig zur Kenntnis, ganz so, wie die Maler sie später dargestellt haben. Bei dieser Mutter musste man wohl schon früh ziemlich abgebrüht sein…

Die Geschichte ist, wie gesagt, in ihren Grundzügen authentisch, denn sie wird durch Josephus Flavius bestätigt, der sie aus anderen Quellen in Erfahrung gebracht hat. Dennoch enthält sie eine Reihe von Ungereimtheiten, um deren Aufklärung sich bis heute zahlreiche Historiker vergeblich bemüht haben. Völlig unklar ist vor allem ihre genaue Lokalisierung. Wo war Johannes eingekerkert? Und wo fand das genannte Geburtstagsfest statt? Josephus nennt als Ort der Einkerkerung die Festung Machärus. Über den Ort des Festes von Herodes schweigen indessen alle Quellen. Bei der Knappheit, mit der die Evangelien abgefasst sind – und das gilt im Grunde für jede historische Aufzeichnung aus diesen Zeiten, also auch für Josephus –, ist das allerdings nicht verwunderlich. Diese Frage erschien den Chronisten sicher als belanglos.

»Der Scharfrichter ging und enthauptete Johannes …«

Neuere Ausgrabungen haben in Machärus zwei Speisezimmer (Triklinien) freigelegt, die auf eine komfortable Ausstattung schließen lassen. Ob Machärus aber für den auf Prestige bedachten Herodes prunkvoll genug gewesen wäre, kann man bezweifeln. Denn zudem hätten seine Gäste eine weite Anreise in Kauf nehmen müssen. In Frage kommt also eher eine seiner Residenzen, vor allem in Tiberias. Diese Annahme aber stellt die Forscher vor ein noch viel größeres Rätsel: Wie hätte der Henker in dem viele Stunden entfernten Machärus am gleichen Abend noch benachrichtigt werden und dann auch noch mit dem Kopf des Täufers erscheinen können? »Die Ansichten der Fachleute«, schreibt Josef Ernst in seiner wissenschaftlichen Biografie von Johannes, »sind auf keinen gemeinsamen Nenner zu bringen.« Wer sich damit nicht zufrieden geben will, kann nur zu Spekulationen Zuflucht nehmen, etwa zu der: Johannes wurde zwar zunächst in Machärus gefangen gehalten, aber irgendwann im Laufe seiner vermutlich sechs- bis zehnmonatigen Haft an einen anderen Ort gebracht, in die Nähe von Herodes. Das würde es diesem auch erleichtert haben, Johannes aufzusuchen. Beweise dafür gibt es keine.

Dass Herodes seine erste Frau verstoßen hat, sollte sich für ihn aber noch rächen. Denn der Nabatäer-König überzog ihn bald nach der Hinrichtung des Johannes mit einem verlustreichen Krieg. »Manche Juden«, schreibt Josephus Flavius, »waren der Ansicht, der Untergang der Streitmacht des Herodes sei nur dem Zorn Gottes zuzuschreiben, der für die Tötung des Johannes diese gerechte Strafe verhängt habe.« Und auch der Ehrgeiz seiner Frau Herodias bekam ihm nicht. Auf ihr Betreiben reiste er im Jahre 39 nach Rom und ersuchte Kaiser Caligula um den Königstitel. Doch die Römer hatten genug von ihm. Herodes wurde nach Lugdunum (Lyon) in Gallien verbannt, wo er sein Leben beendete. Der Leichnam des Johannes wurde von seinen Jüngern an einem geheimen Ort bestattet. Über den Verbleib des Hauptes gibt es verschiedene Versionen, von denen keine zu überzeugen vermag. Manches Requisit wurde an einigen Orten als Reliquie verehrt; so gehörte das Hinrichtungstuch zum Reliquienschatz Karls des Großen. Eine Armreliquie verschwand erst im letzten Jahrhundert. Im Topkapi-Museum in Istanbul wird eine Schädeldecke aufbewahrt, die von Johannes stammen soll. Ein Kopfreliquiar in Fischbeck/Weser soll einen Zahn des Täufers enthalten. Das sind nur ein paar Beispiele.

Auf sehr eindringliche Weise haben bildende Künstler seit dem frühen Mittelalter das Bewusstsein vom Leben und Sterben des Johannes lebendig erhalten. Die längste Zeit stellte man das Thema mit religiöser Frömmigkeit dar – man denke nur an Abbildungen des Hauptes auf zahllosen Taufbecken. Nach und nach wurde es aber auch verweltlicht, bis hin zum lasziven Schleiertanz der Salome. Ein Bild, mit dem Aubrey Beardsley 1894 Oscar Wildes ›Salome‹ illustrierte und auf dem Salome den Kopf des Täufers küsst, heißt schlicht ›The Climax‹. Die Verehrung des Johannes als ersten Heiligen der Christenheit hat sich auch in der Namensgebung manifestiert. Immer wenn dem Vornamen Johannes ein »B.« angefügt ist, bedeutet das: »Johannes Baptist« – Johannes der Täufer.

„Über den Verbleib des Hauptes gibt es verschiedene Versionen …“

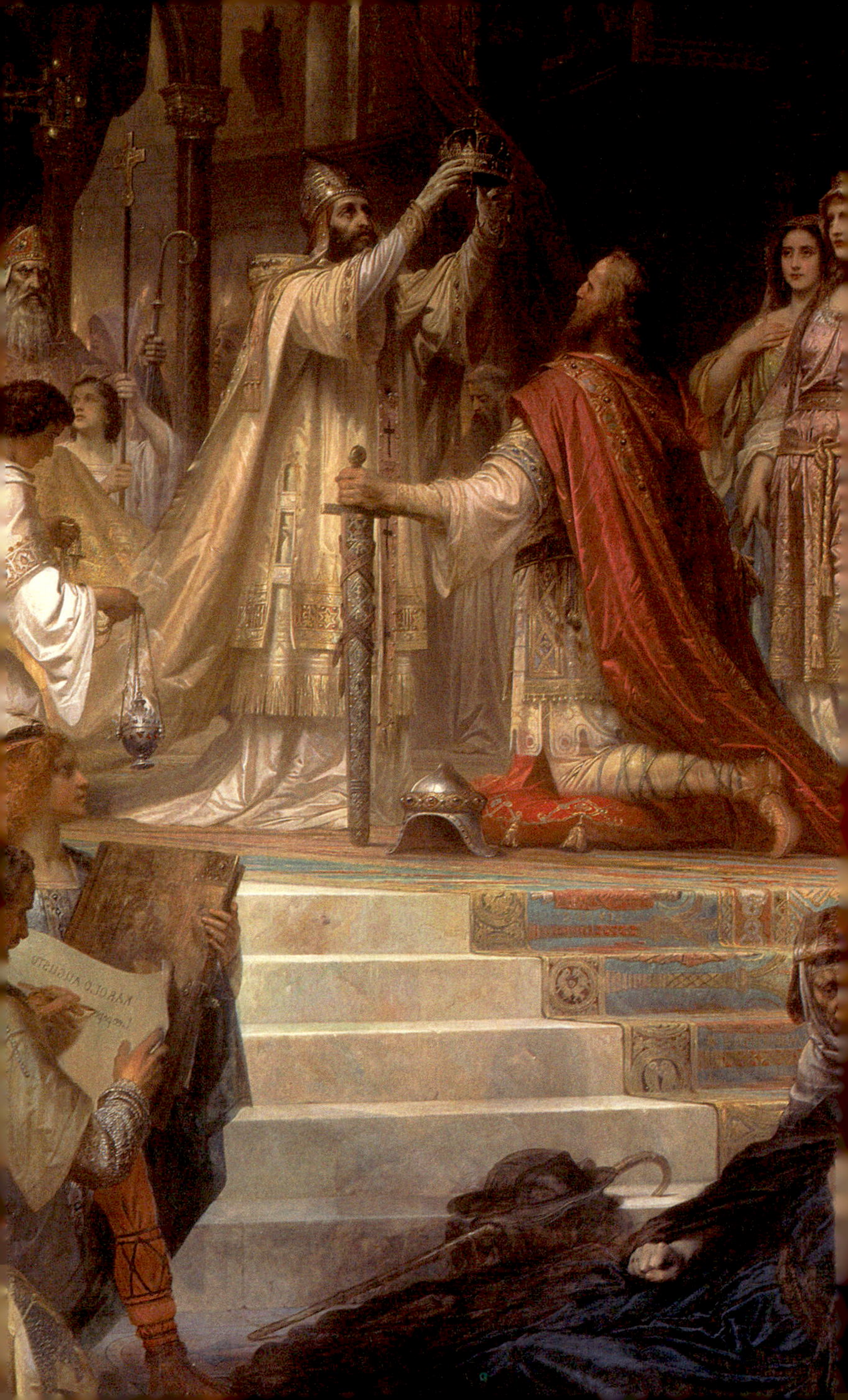
KAROLO AUGUSTO

Mit Gott und Schwert schuf er sein Reich

Karl der Große und das Werden Europas

Von Ernst Deissinger und Sigurd Merker

Wir schreiben den 29. Dezember des Jahres 1165: Friedrich I. Barbarossa lässt im Dom zu Aachen die Gruft öffnen, in der seit 351 Jahren der legendäre Kaiser Karl begraben liegt. Grund seines Unternehmens: Er möchte die Gebeine seines Vorgängers sicherstellen und ihn auf einem Reichstag heilig sprechen lassen. Ein Manifest verkündet: »Bei der Verbreitung des christlichen Glaubens und bei der Heidenbekehrung war Karl der Große ein tapferer Streiter und ein wahrer Apostel, wofür Sachsen, Friesen, Westfalen und die Spanier ebenso Zeugen sind wie die Vandalen, die er mit Wort und Schwert zum römischen Glauben bekehrt hat. Obgleich kein Schwert seine Brust durchbohrt hat, machen ihn die überstandenen Kämpfe und Leiden sowie seine tägliche Bereitschaft, für den wahren Glauben zu sterben, zu einem Märtyrer. Daher proklamieren und verehren wir ihn als auserwählten und heiligen Bekenner.«

Ähnliches hatte sich nur wenige Jahre zuvor in England zugetragen. König Heinrich II. hatte seinen Vorgänger, Edward den Bekenner, in die Gemeinschaft der Heiligen aufnehmen lassen und damit seine eigene Stellung als Monarch gefestigt. Eine solche Machtfestigung erhoffte sich auch der Stauferkaiser Friedrich I. Er fühlte sich nämlich von zwei Seiten bedrängt: Zum einen lag er in einem 13-jährigen Streit mit den Päpsten in Rom. Alexander III. hatte gegen ihn 1160 sogar den Bann ausgesprochen. Und: Die französische Dynastie der Kapetinger begann seine Vormachtstellung zu untergraben. Auch sie erhob Anspruch auf die Nachfolge Karls des Großen und die Oberherrschaft über die Christenheit.

Friedrich Barbarossa war nicht der Erste, der sich Karl zum Vorbild nahm und sich über den Reichsgründer und ersten Kaiser nach dem Untergang des Römischen Reiches profilieren und legitimieren wollte. Eineinhalb Jahrhunderte vor Barbarossa hatte sich schon Kaiser Otto

III. im Aachener Dom auf die Suche nach dem Karlsgrab gemacht, und dieses, dem Bericht des Chronisten Thietmar von Merseburg zufolge, zu Pfingsten des Jahres 1000 öffnen lassen. Dass der 20-jährige Monarch und seine Begleiter, zwei Bischöfe und der Pfalzgraf, den toten Kaiser fast unverwest auf einem Thron sitzend vorfanden, muss man wohl ins Reich der Legende verweisen. Sicher ist aber, dass Otto zwei Jahre später auf ungeklärte Weise in Italien starb. War sein Tod die Sühne für den Frevel, dass er die Totenruhe Karls gestört hatte?

Vermutlich hatte Otto schon das im Sinn gehabt, was Barbarossa 165 Jahre nach ihm durchführte – den legendären Kaiser heilig sprechen zu lassen und sich damit selbst in diesen erlauchten Kreis der von Gott eingesetzten Herrscher einzureihen. Was machte aber nun Karl, der von 768 bis 814 das westliche Europa regierte und auf den sich in Frankreich und in Deutschland die späteren Kaiser und Könige beriefen, zu dieser Lichtgestalt? Der Herrscher, dessen Glanz alle anderen Monarchen überstrahlt, stammte nicht aus einem angesehenen Königsgeschlecht, sondern aus einer Familie von ehrgeizigen Hausmeiern. Der Chronist Einhard, der Karls Leben in vielen Einzelheiten festgehalten hat, schreibt dazu, dass König Hilderich aus dem Geschlecht der Merowinger 751 wegen Unfähigkeit vom römischen Papst abgesetzt und ins Kloster geschickt wurde. Die Macht und die Reichsgewalt übten Beamte aus, die Hausmeier hießen. Dem unfähigen König Hilderich war nichts übrig geblieben als der Titel und Repräsentationspflichten. Aus einer solchen Familie hoher Staatsbeamter ging das Geschlecht der Karolinger hervor: Die ersten Heldentaten vollbrachte Karls Großvater Karl Martell, als er 732 bei Poitiers die moslemische Invasionsarmee schlug. Nachfolger Karl Martells wurde Pippin, der erste König der Karolinger. Er verdankte seine Erhebung dem Geschäft mit dem Papst, das als Pippinsche Schenkung in die Geschichte einging. Es beinhaltete die Anerkennung des Kirchenstaates als päpstliches Eigentum.

„Was machte aber Karl zu dieser Lichtgestalt?“

Pippins Nachfolger wurden 768 seine beiden Söhne Karlmann und Karl. Letzterer entpuppte sich schnell als der geborene Machtpolitiker. Er und sein Bruder hatten sich das Reich geteilt – er regierte im Norden, im Süden herrschte Karlmann, der aber bereits drei Jahre nach Amtsantritt starb. Nun wartete Karl nicht darauf, dass Karlmanns Söhne in ihrem Reichsteil das Erbe antraten, sondern marschierte dort ein, übernahm die Herrschaft und war jetzt König des gesamten Frankenreiches. Vier Dinge musste ein Staatsmann damals beherzigen, wenn er seine Macht behalten wollte: Er benötigte erstens eine schlagkräftige Armee und zweitens eine fähige Beamtenschaft für die Verwaltung der eroberten Reiche. Das Dritte war eine kluge Heiratspolitik, um sich den Rücken freizuhalten. Und das Vierte war in jenen Zeiten der gute Kontakt zum Chef der römischen Kirche.

Schon bald nach seinem Amtsantritt begannen 772 mit den Sachsenkriegen Karls Militäroperationen, die sich fast bis zu seinem Tod im Jahr 814 hinzogen. Seine Feldzüge führten ihn im Osten bis an die Elbe und im Südosten bis an die Raab. Im Westen zog er mit seinen Heeren bis nach Spanien, im Norden bis Dänemark und im Süden bis nach Rom. Das Reich, das er unter seine Herrschaft brachte, war etwa 1,3 Millionen Quadratkilometer groß. Schätzungsweise 15 Millionen Menschen lebten darin. Seiner späteren Heiligkeit tat das von ihm mit Überzeugung ausgeübte Kriegshandwerk keinen Abbruch – auch nicht die blutigen »Kreuzzüge« gegen den Stamm der Sachsen, die sich über dreißig Jahre lang heftigst gegen die Zwangschristianisierung und die Umsiedlungspolitik wehrten. Dabei führten die Franken wiederholt Hunderte von sächsischen Familien aus ihrer Heimat fort, um sie in fränkischem Gebiet anzusiedeln. Das lässt sich oft noch aus den heutigen Ortsnamen (Sachsenhausen in Frankfurt/Main) erkennen.

„Das Reich, das er unter seine Herrschaft brachte, war etwa 1,3 Millionen Quadratkilometer groß …“

Ebenso muss der Draufgänger Karl mit anderen Maßstäben gemessen werden, wenn es um die Frauen geht. Nach dem Biografen Einhard war Karl mindestens viermal verheiratet, nicht mitgezählt die Nebenfrauen. Zuerst heiratete er auf Betreiben seiner Mutter Bertrada die Tochter des Langobardenkönigs Desiderius. Er verstieß sie schon bald und vermählte sich mit Hildegard aus dem Geschlecht der alemannischen Herzöge. Sie gebar ihm vier Söhne und fünf Töchter. Als sie 783 starb, heiratete Karl Fastrada »aus dem Volk der Ostfranken«. Sie schenkte ihm zwei Töchter. Nach ihrem Tod im Jahr 794 nahm er Liutgard, eine Alemannin, zur Frau. Diese Ehe blieb kinderlos. Neben den Angetrauten hatte er sechs Nebenfrauen, die ihm drei Töchter und vier Söhne schenkten. So kam Karl auf insgesamt mindestens 18 Kinder (die genaue Zahl lässt sich nicht ermitteln). Haupt- und Nebenfrauen wählte der König mit solch politischem Weitblick, dass ihm immer ein Volk seines Reiches verwandtschaftlich treu ergeben war.

Aber allein mit Familienbanden war ein solches Riesenreich nicht zusammenzuhalten. Karl setzte daher – um den Frieden im Innern zu erhalten – Beamte ein, die im Namen und in Stellvertretung des Königs militärische und zivile Aufgaben wahrnahmen. Diese – zunächst auf Zeit gewählten – Grafen stammten zum Teil aus dem Adel seiner unmittelbaren Umgebung, zum andern aus dem loyalen Adel der eroberten Gebiete. Sie sprachen Recht und stellten bei Bedarf die Truppen. Durch die Grafen verloren die Stämme, wie etwa im Falle Bayerns, zwar ihre Souveränität, doch die Stammesrechte blieben im Wesentlichen erhalten. Außerdem versuchte Karl, auch die hohen kirchlichen Ämter mit »seinen« Leuten zu besetzen: Die Bischöfe und Äbte stammten alle aus dem ihm ergebenen Adel. Um die Grafen und Bischöfe zu kontrollieren und zu verhindern, dass sie allzu eigenmächtig handelten, setzte Karl Boten ein, die seine Anweisungen überbrachten und deren Ausführung überwachten. Auch die Boten waren Adlige und Kleriker, die den Willen des Königs in den über 200 Grafschaften mit der nötigen Autorität durchsetzten. Aber natürlich reiste der Kaiser auch selbst durch die Lande. Dabei residierte er in den Pfalzen, die bei allen größeren Orten entweder von seinen Vorgängern oder von ihm selbst errichtet worden waren. Eine dieser Pfalzen gründete er im Jahr 776 in Paderborn auf dem Gebiet der gerade unterworfenen Sachsen. Im Jahr darauf hielt er dort den ersten fränkischen Reichstag auf sächsischem Boden ab. Doch berühmt wurde die Pfalz durch ein anderes Ereignis. Als Karl dort Ende Juli 799 Hof hielt, kündete man ihm hohen Besuch an. Papst Leo III. reiste aus dem entfernten Rom nach Paderborn, um den mächtigsten Mann des Abendlandes um Hilfe zu bitten. Was hatte das Oberhaupt der Christenheit in Bedrängnis gebracht?

„Haupt- und Nebenfrauen wählte der König mit politischem Weitblick …“

Papst Leo, der aus einfachen Verhältnisssen stammte, war 795 auf den Stuhl Petri gewählt worden. Nicht nur beim römischen Stadtadel war er unbeliebt, auch das Volk distanzierte sich von ihm. Man warf ihm vor, bei seiner Wahl sei Bestechung im Spiel gewesen, er sei korrupt und führe ein sündhaftes Leben. Am 25. April 799 kam es zum Eklat: Seine Gegner überfielen den Heiligen Vater während einer Prozession durch die Stadt und verletzten ihn schwer. Sie hatten versucht, ihm die Augen auszustechen und die Zunge herauszuschneiden. Doch Leo konnte sich retten und brachte sich mit Hilfe zweier Königsboten Karls, die sich in der Nähe Roms aufhielten, in Sicherheit. Zehn Wochen dauerte seine Flucht von Rom über Pavia, Basel und Mainz nach Paderborn.

Was tut man mit einem Papst, der einen um Hilfe bittet? Karl empfing Leo mit allen Ehren und versicherte ihn seiner Freundschaft. Schon bald erschien auch eine Abordnung der Papst-Gegner in Paderborn und erhob schwere Vorwürfe. Karl und sein Beraterstab, unter ihnen der englische Gelehrte Alkuin, scheuten sich davor, einen Prozess gegen das Oberhaupt der Kirche zu eröffnen, und enthielten sich jeden Urteils. Man schickte Leo mit einer fränkischen Untersuchungskommission zurück nach Rom, wo die Angelegenheit verhandelt werden sollte.

„Was tut man mit einem Papst, der einen um Hilfe bittet?“

Im Dezember des Jahres 800 reiste Karl selbst nach Rom, um den Fall »Leo« persönlich zu lösen. Am 23. Dezember führte er in der Peterskirche den Vorsitz über einer Kommission von Bischöfen, Äbten, fränkischen und römischen Adligen. Doch man konnte sich weder auf eine Verurteilung noch auf einen Freispruch einigen. Der Papst legte einen feierlichen Eid ab, worin er seine Unschuld beschwor. Karl verurteilte daraufhin die Gegner Leos zum Tod, wandelte später jedoch das Urteil in Verbannung um. Zum weiteren Fortgang der Ereignisse berichten die Chronisten Folgendes: Zwei Tage nach dieser Synode besuchte Karl am Weihnachtstag die Messe in der Peterskirche. Papst Leo setzte dem erstaunten Karl eine kostbare Krone aufs Haupt, und die anwesenden Kirchenbesucher sangen dreimal die »Lobpreisungen« (Laudes), eine Hymne, die früher den christlichen römischen Kaisern vorbehalten war. Nun gebührte dem Gekrönten folgender Titel: »Carolus serenissimus a Deo coronatus magnus pacificus imperator Romanum gubernans imperium qui et per misericordiam Dei rex Francorum et Langobardorum«. (Deutsch: Karl, der erhabenste, von Gott gekrönte, große Friedensherrscher, der das Römische Reich lenkt, durch die Barmherzigkeit Gottes König der Franken und Langobarden.)

Karls Biograf Einhard berichtete später, dass der so zum Kaiser Gekürte die Peterskirche niemals betreten hätte, wenn er von der Absicht Leos gewusst hätte. Moderne Historiker bezweifeln dies, denn es ist kaum vorstellbar, dass Karl ahnungslos und unvorbereitet in die sorgfältig inszenierte Krönungszeremonie geriet. Der Papst feierte normalerweise das Weihnachtsfest in der Kirche Santa Maria Maggiore. Dass diesmal alle im Petersdom zusammenkamen – Papst, König und ihre Gefolge – ist ein deutliches Indiz, dass beide von dem Vorhaben wussten. Übrigens: Im Jahr 2000, als sich dieses Ereignis zum 1200sten Mal jährte, wurde die Krönung Karls durch die Stadt Aachen gebührend gefeiert.

»Papst Leo setzte dem erstaunten Karl eine kostbare Krone aufs Haupt …«

Auf jeden Fall handelte sich Karl mit seiner Erhebung nicht nur Vorteile ein. In Konstantinopel, wo seit 476 der einzige römische Kaiser residierte, schrillten die Alarmglocken. Jetzt gab es auch im Westen wieder einen Kaiser, noch dazu in Verbindung mit Rom. Zunächst verweigerte man Karl die Anerkennung, und es sollte noch zwölf Jahre dauern, bis Karl als Herrscher auch von seinem östlichen Kollegen anerkannt wurde. Dass er dieses Problem mit Vorsicht anging, ist nicht nur Karls politischem Weitblick zuzuschreiben, sondern auch dem Beraterstab in seiner Umgebung. Hier hatte er die intelligentesten Köpfe aus dem ganzen Reich und dem Ausland um sich versammelt. Neben Alkuin von York, der 782 ins Frankenreich kam, wirkte dort (bis 782) auch der langobardische Historiker Paulus Diaconus. 791/92 zog auf Empfehlung des Fuldaer Abts Baugulf der spätere Universalgelehrte und Berater Karls, Einhard, an dessen Hof. Aus Pisa kam der Grammatiker Petrus, es folgten der Westgote Theodulf und bald auch die Iren Dungal, Jonas und Raefgot, die mathematische und astronomische Kenntnisse besaßen. Sie brachten auch eine Abschrift der ›Architektur‹ von Vitruv mit, worin das Wissen des berühmtesten antiken Baumeisters in zehn Büchern zusammengefasst war.

Wer wie Karl Großmachtpläne schmiedet und sich auf eine Stufe mit dem Papst und dem Kaiser in Ostrom stellen will, kann nicht wie ein Wanderzirkus mit seinem Hof von Pfalz zu Pfalz durch die Lande ziehen. Man benötigt eine Haupt- und Residenzstadt, mit einem repräsentativen Palast und einer Kirche im römischen Maßstab. Wer immer aus der Provinz anreiste, um vor den Herrscher zu treten, musste dessen Macht vor Augen haben. Erst wenn die Residenzstadt in strahlendem Glanz erscheint, kann sich dort auch die Kultur entfalten.

In Aachen wurden die hoffnungsvollsten jungen Männer in einer Hofschule zu den Stützen der Verwaltung ausgebildet. In einem Rundbrief (wohl aus dem Jahr 782) wendet sich der König bei seiner Talentsuche schon frühzeitig an die Geistlichen des Reiches: »Da es uns am Herzen liegt, dass der Zustand unserer Kirchen immer besser wird, bemühen wir uns mit wachsendem Eifer, das, was durch die Lässigkeit unserer Vorfahren beinahe zugrunde gegangen ist, wiederherzustellen und den Wissenschaften eine neue Stätte zu bereiten, und muntern durch unser eigenes Beispiel zu fleißigem Erlernen der freien Künste auf, wen wir können.« Ein weiterer Aufruf fordert: »Es sollen aber zu diesem Zweck solche Männer gewählt werden, die den Willen und die Fähigkeit zu lernen und zugleich das Interesse haben, andere zu unterrichten.« Diese Anweisungen beziehen sich nicht nur auf Aachen, vielmehr sollten alle Klöster und die Bischofsstädte des Reiches Schulen für Lesen, Rechnen, Grammatik, Musik und Religion einrichten. Auch seine eigenen Kinder und die Sprösslinge aus seinem Umkreis ließ er an dieser Schule unterrichten, die Alkuin leitete. Auch Einhard erhielt dort seine Ausbildung, und sogar Karl selbst versuchte, die in der Jugend versäumte Bildung nachzuholen, wenn ihm zwischen den zahlreichen Kriegszügen die Zeit dazu blieb. Warum wählte aber Karl den eher unbedeutenden Ort Aachen zur Residenz des Karolinger-Reiches und nicht die größeren Städte Köln oder Mainz? Eine der Antworten hat mit einer Vorliebe des Franken zu tun: Er war leidenschaftlicher Schwimmer. In Aachen, dessen Wurzeln weit in die Römerzeit zurückreichen, gab es heiße und heilsame Quellen. Dort besaß bereits sein Vater Pippin ein Königsgut mit Namen Aquis; dieser hatte auch die römischen Badeanlagen erneuern lassen. Karl verbrachte oft Stunden im Wasser, unter anderem, um seine Rheuma- und Gichtleiden zu

„Die intelligentesten Köpfe aus dem ganzen Reich und dem Ausland …“

lindern. So badete er – wie Einhard berichtet – oft auch im Winter mit hundert und mehr Menschen gemeinsam im heißen Wasser. Ebenso leidenschaftlich war Karl bei der Jagd, und in der Umgebung gab es Wälder, in denen Wildrinder, Luchse, Bären und Wölfe lebten.

In Aachen hatte schon vor der Kaiserkrönug eine rege Bautätigkeit eingesetzt: 789 war der Palast – nach rund zehn Jahren Bauzeit – fertig gestellt. Drei Jahre später begannen die Arbeiten an der Pfalzkapelle, die heute Teil des Doms ist. An der Stelle der alten Petrus-Basilika ließ Karl auf römischen Fundamenten einen nördlich der Alpen noch nie gesehenen, achteckigen Kuppelbau errichten. Einhard schreibt zwar, dass der König selbst die Planung übernommen hatte, wesentlicheren Anteil dürfte jedoch Alkuin daran haben, der dazu das Werk des Vitruv studierte. Die konkrete Bauplanung übernahm Odo von Metz, von dem aber außer seinem Namen nichts bekannt ist. Für sein Projekt darf Karl sogar mit Zustimmung des Papstes antike Säulen aus Rom und Marmor aus Italien in den Norden transportieren. Vermutlich im Jahr 800 war die Kapelle vollendet. Dass sie fünf Jahre später von Papst Leo eingeweiht wurde, ist eine Legende.

„Was also behauptet der Ketzer?“

Von Legenden am laufenden Band spricht auch jemand, der mit dem Frankenherrscher keinen Frieden schließen will: der Kunsthistoriker und Privatgelehrte Heribert Illig. Dieser hat in jahrelanger Recherche alles zusammengetragen, was unserem heutigen Wissen vom Überkaiser Karl widerspricht. Illig, der seine Erkenntnisse in dem Buch ›Das erfundene Mittelalter‹ der Öffentlichkeit präsentierte, spricht von der »größten Zeitfälschung der Geschichte«. Illig behauptet sogar, Karl der Große sei ein reines Fantasieprodukt, ähnlich König Artus aus der mittelalterlichen Sagenwelt. Inzwischen gibt es mit Uwe Topper einen weiteren Autor, der diese These mit eigenen Beobachtungen zu stützen versucht (Buchtitel: ›Erfundene Geschichte‹). Es handelt sich um einen ehemaligen Mitstreiter Illigs. Zunächst von den etablierten Historikern als völliger Schwachsinn abgetan, hat Illig mit Hilfe der Medien eine gewisse Popularität erlangt – vor allem natürlich bei den Mediävisten. Für sie würde – sollten sich die Hauptthesen Illigs bestätigen – eine Welt zusammenbrechen. Was also behauptet der Ketzer?

– Bei der Kalenderreform Papst Gregors im Jahr 1582 wurden zehn Tage übersprungen, obwohl es rein rechnerisch dreizehn hätten sein müssen. Diese drei Tage entsprechen rund dreihundert Jahren, die es – weil zehn Tage zur Korrektur des Julianischen Kalenders genügten – in der Geschichte nicht gegeben hat. Diese Jahre legt Illig zwischen 614 und 911 – in die Epoche, in der Karl der Große lebte.

– Der Aachener Dom entstand nach Illigs Untersuchungen nicht um 800, sondern viel später, etwa Ende des 11. Jahrhunderts. Denn er weist Baumerkmale auf und setzt handwerkliche Fähigkeiten voraus, die erst zu jener Zeit verfügbar waren – ein wichtiges Indiz, dass sowohl Merowinger wie auch Karolinger eine spätere Erfindung sind.

– Der Grund dafür, dass man die drei Jahrhunderte hinzudichtete, ist nach Illig: »Unter Otto III. erwarten wir die erste ›Erfindung‹ des großen Karls. Er hat als Endzeitkaiser aufzutreten, der seine Macht an Otto delegiert.« Zur Karlslegende beigetragen haben – nach Illig – auch Heinrich IV. und Friedrich Barbarossa, die sich in ihrem Konflikt mit dem Papst Karl den Großen als überpäpstliche Autorität zunutze machten. Da es diesen aber nicht gab, musste man ihn mit gefälschten Urkunden, Chroniken und Biografien erfinden.

– Illig behauptet sogar, die naturwissenschaftlichen Datierungsmethoden der Dendrochronologie (Altersbestimmung mit Baumringen) und der C14-Methode (Datierung über natürlichen radioaktiven Kohlenstoff) seien fehlerhaft. Denn sie seien nach der falschen Zeitrechnung der Historiker geeicht worden.

» Wie viel also von den alten Quellen ist gefälscht? «

Unbestritten ist, dass im Mittelalter viele Urkunden gefälscht wurden. Das zeigte sich auf einem Historiker-Kongress im Jahr 1986, der sich diesem Thema widmete. Illig soll nach eigenem Bekunden dadurch auf seine Idee gekommen sein. Wie viel also von den alten Quellen ist gefälscht? Die Fachleute schätzen, dass von den rund 2800 merowingischen und karolingischen Königsurkunden etwa 15 Prozent unecht sind. Ein ähnlicher Prozentsatz an Fälschungen lässt sich auch für Chroniken oder andere Handschriften aus dieser Epoche vermuten. Die Fälscher saßen im Vatikan, an den Königshöfen und in Klöstern. Mit 15 oder gar 25 Prozent an gefälschten Urkunden könnte man sich abfinden. Aber die Behauptung, dass die gesamten Schriftquellen aus der »erfundenen Zeit« in ganz Europa gefälscht sind, wie sich aus Illigs These ergibt, ist doch schwer nachvollziehbar. Übrigens: Heribert Illig ist keineswegs erfreut über die Schützenhilfe Uwe Toppers bei seinen Fälschungstheorien. Er bezichtigt ihn des Plagiats.

Was immer wir über Karl wissen oder nicht wissen, eines ist sicher: Der Frankenkönig ist über das Mittelalter hinaus zu einer mystischen Symbolfigur geworden, die besonders in Zeiten des Umbruchs immer neu bemüht wird. Otto und Barbarossa benötigten ihn für die Bestätigung ihres Gottesgnadentums. Selbst die Glaubensspaltung der Christenheit soll nach einer Sage aus der Reformationszeit eines fernen Tages durch Kaiser Karl behoben werden. Der schlafende Kaiser sitzt im Untersberg bei Berchtesgaden und erwartet seine Auferstehung, um den Konflikt zwischen Protestanten und Katholiken als Richter zu lösen.

Und wie könnte es anders sein – nicht nur für die Deutschen ist Karl der Ahnherr aller Könige. Lagen doch die fränkischen Stammlande im heutigen Nordfrankreich, Belgien und den Niederlanden. So schrieb der französische Kaiser Napoleon im Jahr 1806 an den Papst: »Je suis Charlemagne« (Ich bin Karl der Große). Als er ins Rheinland einmarschierte, sorgte er dafür, dass unter anderem die römischen Säulen aus dem Kaiserdom und zahlreiche Reliquien und Kunstschätze nach Paris gebracht wurden. Diese Reliquien sollten den aus eigener Macht auf den Thron gekommenen Korsen in seiner Stellung legitimieren. Mitte des 19. Jahrhunderts, als Napoleon längst seinen Thron verloren hatte, wurden zumindest 28 der 36 Säulen dieses »Nationalheiligtums« wieder zurückgebracht und mit preußischem Stolz unter Friedrich Wilhelm IV. im Dom eingebaut. Die restlichen Säulen blieben für immer im Louvre von Paris. Und auch heute wird die Lichtgestalt Karl bemüht, wenn es um die Neugestaltung der Großmacht Europa geht. So wird seit Gründung der Bundesrepublik Deutschland in Aachen der Karlspreis verliehen: an Politiker, Wissenschaftler, Frauen und Männer, die sich um die Einigung Europas verdient gemacht haben. Heute spielt auch der alte Streit keine Rolle mehr, ob Karl der Große Franzose, Deutscher oder Belgier war. Eigentlich ist es sogar unwichtig, ob er eine reale Person war oder ob sich hinter Karl der uralte Traum vom europäischen Imperium verbirgt. Wie es bei Heiligen so ist: Nicht die Echtheit der Reliquie ist wichtig, sondern deren Verehrung.

„Auch heute wird die Lichtgestalt Karl bemüht …“

Nimmt man es ganz genau, ist Karl sogar ein seltsamer Heiliger: Kaiser Barbarossa ließ ihn 1165 mit Hilfe des Gegenpapstes Paschalis III. heilig sprechen. Von den anerkannten Päpsten wurde Karl deshalb bis heute nicht in die offizielle Heiligenliste aufgenommen. So ganz zufrieden war man in Rom mit dem Leben des Frankenkönigs doch nie. Denn Keuschheit war nicht gerade seine Stärke. Nicht nur, dass er zahlreiche Nebenfrauen hatte und mit ihnen ebenso zahlreiche uneheliche Kinder zeugte – in der »Vision« des Reichenauer Mönchs Wetti wird er schon im Jahr 858 sogar einer Todsünde bezichtigt. Im Klartext: Er soll mit seiner Schwester Gisela, einer späteren Äbtissin, im Inzest gelebt und mit ihr den Sohn Roland gezeugt haben. Dieser Sohn wurde Markgraf der Bretagne und 778 beim Feldzug gegen die Moslems bei Roncevalles getötet. Auch Roland verklärte sich zu einer Sagengestalt, ähnlich wie Karl der Große.

„Die Geschichte ist voll von Heiligen und Sündern …“

Was soll man zu seiner Ehrenrettung sagen? Die Geschichte ist voll von Heiligen und Sündern – vielleicht ist es auch angemessener für Europa und seine Vergangenheit, dass sein Vater nicht nur als Lichtgestalt, sondern auch als Mensch mit Schwächen und Fehlern gesehen wird. Geht es uns heutigen Europäern auf der Suche nach einer gemeinsamen Identität und einer gemeinsamen »Residenz« nicht ebenso wie Karl und seinen Beratern? Aus dem Wanderzirkus der Pfalzen entstand die Metropole Aachen. Nicht weit davon entfernt liegen heute Brüssel, Luxemburg und Straßburg. Dorthin verlagern die Regierungen von London, Madrid, Paris, Berlin, Rom und Athen aus freien Stücken einen Teil ihrer Macht. Als Karl sein Reich geschaffen hatte, lagen dreißig Jahre Krieg und zwanzig Feldzüge hinter ihm. Das moderne europäische Großreich entsteht nach zwei verheerenden Weltkriegen aus der Einsicht, dass der friedliche Weg der bessere ist. Es ist zu hoffen, dass die Großmacht Europa länger Bestand haben wird als das Reich Karls, das schon bald nach seinem Tod zerfiel.

Die Goldgier trieb sie ins Verderben

Deutsche Abenteurer auf der Suche nach El Dorado

Von Armin M. Brandt

Es war eine exotische Welt, in die die Spanier schon wenige Jahrzehnte nach der Entdeckung der Küsten Amerikas eindrangen. Neben den Wundern der tropischen Natur mit ihrer üppigen, farbenprächtigen Pflanzenwelt waren sie von den hoch entwickelten Kulturen überrascht, die sie in Mexiko und in den peruanisch-bolivianischen Anden antrafen. Unter dem Ansturm der Eroberer zerbrachen die blühenden indianischen Staaten, und es zerfielen ihre Gesellschaft, ihre Wirtschaft und ihre Kultur. Nur wenige Jahre nach Christoph Kolumbus hatten mehrere spanische Expeditionen die Gewässer an der südamerikanischen Nordküste befahren. Alonso de Hojeda (um 1470–1515) kam mit der zweiten Fahrt des Kolumbus in die Neue Welt, fand auf Haiti (Hispaniola) die Goldlager von Cibao und kam dabei zu großem Vermögen. Die einheimischen Indianer unterwarf er oder rottete sie aus.

Am 20. Mai 1499 startete Hojeda in Begleitung des gelehrten Steuermannes Juan de la Cosa und des italienischen Seefahrers Amerigo Vespucci (1452–1512) zu einer Entdeckungs- und Beutefahrt an die nördliche Küste von Südamerika. Am 27. Tag erreichten die Spanier das Festland. Hojeda beschloss, der Küste zu folgen, um einen geschützten Hafen zu suchen, den er auch ausfindig machte. Die Einwohner zeigten sich zunächst friedlich, aber vom Gold, nach dem man suchte, fand sich keine Spur. Zu ihrer Verwunderung erblickten die Spanier ein Dorf, das auf Pfählen im Wasser stand; die Häuser waren durch Zugbrücken verbunden. Hojeda nannte das Dorf »Klein-Venedig« (= Venezuela) und der Name ging auf die ganze Küste über. Um sie von den neu entdeckten Inseln zu unterscheiden, wurde die ganze Nordküste auch Tierra Firma (Festland) oder Castilla del Oro (Goldenes Kastilien) genannt. Reiche Perlmuschelfunde lösten neue Erkundungsfahrten aus. Alonso de Hojeda kehrte mehrmals mit dem Goldwäscher Diego de Nicuesa an Südamerikas Nordküste zurück. Mit königlichen Privilegien ausgestattet, betrieb er Perlenraub und Sklavenhandel. Erbitterte Kämpfe mit den Indianern waren die Folge.

27 Jahre nach der Entdeckung von Venezuela hatte sich viel verändert: Christoph Kolumbus war gestorben, und Amerigo Vespucci war ohne sein Zutun die Ehre zuteil geworden, dass der ganze Kontinent seinen Namen erhielt. Die Spanier entdeckten immer mehr neue Gebiete, als die Küste Venezuelas wieder das Interesse der Eroberer auf sich zog: Die Welser traten auf den Plan. Die »Belzares«, wie sie in den spanischen Dokumenten genannt werden, gehörten zu den ältesten Augsburger Geschlechtern, die wie andere oberdeutsche Bürgerfamilien durch Handel zu Wohlstand gelangt waren. Zusammen mit seinem Schwager Konrad Vöhlin und anderen Teilhabern gründete der Kaufmann Anton Welser 1498 in Augsburg die rasch zu großem Ansehen gelangende Firma »Anton Welser, Konrad Vöhlin und Gesellschaft«. Sie trieben Handel und suchten Profit auf einem neuen Markt zu machen – in »Indien«. (Auch nachdem man erkannt hatte, dass zwischen Europa und Asien der Kontinent Amerika liegt, blieb »Indien« ein Synonym für die überseeischen Gebiete.) Zwanzig Jahre später vereinigte Kaiser Karl V. die spanische Königs- und die deutsche Kaiserkrone auf seinem Haupt, doch trotz der Reichtümer aus der Neuen Welt war er in steter Geldverlegenheit und Schuldner der fürstlichen Kaufherren. Denn zwischen 1522 und 1532 gewährten die Welser dem Kaiser 23 Darlehen; der Gesamtumfang dieser Kredite belief sich auf fast 2,6 Millionen Dukaten.

„Die Welser traten auf den Plan …“

Ambrosius Dalfinger, Agent der Welser am spanischen Hof, nutzte die Gunst der Stunde. Er hatte erfahren, dass im Osten der südamerikanischen Provinz Santa Marta ein Gewinn versprechender Landstrich zu erschließen sei. Diesen beschloss er mit Billigung des Monarchen in den Besitz seines Hauses zu bringen – und war bereit, dafür zu zahlen. Der Plan gelang, Kaiser Karl erhielt das Gold, das er brauchte (fünf oder gar zwölf Tonnen), und die Welser das Land, das sie wünschten. Am 27. März 1528 wurde in Burgos ein Vertrag im Namen von Bartholomäus (V.) Welser und seiner Gesellschaft durch die Bevollmächtigten Heinrich Ehinger und Hieronymus Sailer mit der spanischen Krone unterzeichnet.

Darin verpflichteten sich die Welser, auf eigene Kosten vier Schiffe mit 300 Mann und Lebensmitteln für die Zeit eines Jahres auszurüsten. Sie sollten den der »Provinz Santa Marta nahe liegenden Landstrich, besonders die Küste vom Cabo de la Vela bis zum Cabo de Maracapana«, der Krone Spaniens unterwerfen und innerhalb von zwei Jahren zwei oder drei Festungen anlegen. Sie erhielten das Recht, Ansiedlungen zu gründen, und sollten fünfzig deutsche Bergleute und 4000 afrikanische Sklaven in die »indischen Länder« liefern. (Von Letzterem machten die Welser übrigens keinen Gebrauch.) Die Welser bekamen die Würde des Oberrichters und das Recht, den Statthalter zu wählen. Dieser erhielt vom König auf Lebenszeit 200 000, der Generalkapitän 100 000 und der Leutnant jährlich 75 000 Maravedi, das heißt 754 bis 283 Gulden. Vom gesamten der Krone zufallenden Gewinn sollten vier Prozent ihnen gehören. Aus- und eingehende Lebensmittel blieben zollfrei. Als Eigentum durften sie alle Eingeborenen versklaven, die sich nicht unterwerfen wollten.

»Vom gesamten der Krone zufallenden Gewinn sollten vier Prozent ihnen gehören ...«

Die Welser-Gesellschaft übernahm diesen Kontrakt am 20. November 1530, nach Beendigung des Reichstags zu Augsburg. Karl V. war von dem bisher gültigen Gesetz der spanischen Königin Isabella abgewichen, das fremden Besitz in Übersee ausschloss. Der Kaiser übertrug damit den Welsern die Provinz Venezuela, die durch einen tausend Kilometer langen Küstenstreifen und alles dahinter liegende Land bis zum »Südmeer« beschrieben wurde – ein Gebiet mit einer Fläche von etwa einer Million Quadratkilometern.

So landeten nach fast dreimonatiger Fahrt am 24. Februar 1529 vier Schiffe bei der spanischen Siedlung Coro: 400 deutsche Landsknechte und achtzig Reiter, bestens ausgerüstet. Hinzu kamen Hundeführer mit zur Menschenjagd dressierten Vierbeinern. Coro wurde zur Stadt Neu-Augsburg ausgebaut. Erster Welser-Gouverneur war der 28-jährige Ambrosius Dalfinger. Er stammte aus einer Handwerkerfamilie. Dalfinger hielt sich seit 1526 in Sevilla und ab 1528 in Santo Domingo (Haiti) als Geschäftsführer der Welser auf. Juan de Ampies, der 1527 die erste Siedlung in Coro angelegt hatte, wurde gezwungen, sich auf seine Inseln Aruba, Bonaire und Curaçao zurückzuziehen. Das Regiment der Welser in Venezuela begann. Was erwartete sie? Einer der deutschen Eroberer beschrieb das Land als »bedeckt mit lichtem Walde und dornigen Bäumen, die wenig Früchte tragen«; obwohl es wenig Wasser gebe, sei es doch gesund wegen der guten Luft. Die Bewohner seien von dunkler, gelber Hautfarbe, hätten viereckige, bartlose Gesichter und langes schwarzes Haar. Sie trügen keine Kleidung, seien boshaft und listig. »Ihr Brot machen die Leute aus weißen Körnern, die sie Mais nennen; eine andere Art Brot bereiten sie aus einer Wurzel und nennen sie Cassave«, schrieb der Deutsche weiter, ansonsten nährten sie sich von Wurzeln, Kräutern und Früchten sowie von Papageien, Hirschen und Fischen. Das Wasser sei von schlechter Qualität. Als Waffen trügen die Männer lange Spieße aus Palmenschäften und Bogen, mit denen sie sehr treffsicher umgingen; die Pfeile seien mit einer scharfen Spitze aus Fischbein versehen.

Mit Dalfingers erstem Entdeckungs- oder Raubzug brach am 3. September 1529 eine Zeit der Grausamkeiten an. Vor allem war man auf Perlen, Gold und Edelsteine aus, und die unglücklichen Indianer wurden durch die Folter gezwungen, sie herbeizuschaffen. Ambrosius Dalfinger zog zunächst zum Maracaibosee in das Land der Araguer und weiter zum Stamm der Pokabujer. Bischof Bartolomé de Las Casas, der Verteidiger der Menschenrechte der Indianer, hielt in seiner ›Geschichte von Indien‹ fest: »Zu gleich freundlichem Empfang gingen die Bewohner dem deutschen Anführer entgegen. Dieser ließ hierauf eine beträchtliche Menge derselben in ein großes Haus von Stroh führen und in Stücke hauen, einige andere aber, die sich auf die oben im Hause befindlichen Balken geflüchtet hatten, lebendig verbrennen. Jene, die sie nach dem schrecklichen Blutbad lebendig fingen, verkauften sie als Sklaven.«

„Vor allem war man auf Perlen, Gold und Edelsteine aus …“

In einer anderen Provinz, berichtet der nicht ganz unvoreingenommene Katholik Las Casas, quartierten sich die Abenteurer in den Häusern der Indianer ein und aßen ihnen alle ihre Lebensmittel weg. Als die Eindringlinge abzogen, wurden sie noch mit einer großen Summe Goldes beschenkt. Dalfinger, »der lutherische Ketzer«, ließ so viele Indianer, wie er fangen konnte, mit Weib und Kind in einen großen verschlossenen Raum bringen und kündigte ihnen an, sie nur gegen

Lösegeld wieder freizulassen. Zudem sollten sie nichts zu essen bekommen, bis sie sich losgekauft hätten. Als schließlich das Lösegeld entrichtet war, ließ der Tyrann sie wieder fangen, und sie mussten sich erneut loskaufen. Laut Las Casas geschah dies zwei bis drei Mal.

Zu jener Zeit kursierte ein Gerücht, dem Dalfinger und seine Männer nur zu gern Glauben schenkten: dass es im Landesinnern, weit vom Meer entfernt, an einem See ein goldreiches Land gebe. Seine Einwohner, hieß es, benutzten nicht nur Gold und Silber statt aller anderen Metalle, sondern deckten damit auch ihre Häuser ein und stellten Rüstungen und Waffen daraus her. Am Maracaibosee erzählten Indianer von einem Gebirgsvolk, dessen König in purem Gold gekleidet sei oder von einem, der jeden Morgen seinen Körper mit Goldstaub bedecke – ein vergoldeter König, »un rey dorado«! El Dorado – hier war das Zauberwort, das die Fantasien der Konquistadoren entfachte.

„Die große Goldgier, die spanische Krankheit …“

El Dorado ist also weder der Name einer Stadt noch einer Gegend, sondern eigentlich der eines sagenhaften Herrschers. »Allen Mythen«, sagt der Naturforscher Alexander von Humboldt, »liegt etwas Wirkliches zugrunde; der von Dorado gleicht den Mythen des Altertums, die bei ihrer Wanderung von Land zu Land immer den verschiedenen Örtlichkeiten angepasst wurden.« Tatsächlich liegen den Legenden um El Dorado Krönungsriten des Stammes der Chibcha zugrunde, bei denen der neue König mit Lehm eingerieben und mit Goldstaub bestreut wurde.

Am 3. Mai 1530 endete der erste Zug der Deutschen in Venezuela und der erste Versuch, El Dorado zu finden. Fortan beschäftigten sich alle Expeditionen mit der Suche nach Gold. Der Häuptling Manaure wurde nicht besser als seine Untertanen behandelt. Sie legten ihn auf die Folter, und er sollte ihnen verraten, wo er sein Gold habe. Wahrscheinlich wäre er unter ihren Händen gestorben, wenn ihm nicht die Flucht ins Gebirge gelungen wäre, das für Pferde unzugänglich war. Die Indianer, die die große Goldgier, die »Spanische Krankheit«, mit Erstaunen kennen lernten, banden den Eroberern Märchen auf, um sie ins Landesinnere in unwirtliche Gegenden zu locken, wo sie, von ihren Schiffen abgeschnitten, leichter zu bekämpfen waren.

Ambrosius Dalfinger versuchte noch einmal sein Glück. Am 9. Juni 1531 verließ er Neu-Augsburg und überquerte auf Einbäumen die Mündung des Maracaibosees, gründete an dessen Westufer die Stadt Neu-Nürnberg (heute Maracaibo), zog dann in einer weiten Schleife bis zum »Lech« (Rio Magdalena) und zur »Pegnitz« (Rio Cauca) und kämpfte sich durch Sümpfe und Dschungel am Unterlauf dieser Flüsse. Zum Transport der Vorräte ließ er Tausende von Indianern zusammentreiben. Der größte Teil von ihnen kam vor Entkräftung um. Aber alle Anstrengungen waren vergebens, das Goldland blieb unauffindbar. Durch Kämpfe und Klima dezimiert, wäre der ganze Haufen bald vernichtet worden, wenn die Welser nicht fortwährend neue Rekruten nachgeschickt hätten.

Drei Jahre hatten diese Grausamkeiten bereits gedauert, und noch war kein Dorf gebaut, kein Heide getauft. Die meisten Deutschen waren Lutheraner, und obwohl man sie gezwungen hatte, eine gewisse Anzahl Dominikaner mit sich zu nehmen, so kümmerten sie sich doch wenig um die Bekehrung der »Ungläubigen«. Auf dem Rückweg passierte Dalfinger – ohne es zu wissen – das Reich der Chibcha, deren Riten die Legende von »El Dorado« genährt hatten. Auf dem Weitermarsch traf ihn ein Giftpfeil in den Hals. Am 1. Juni 1533 begrub man ihn im Tal von Chinacota (Kolumbien), das lange »Valle de Ambrosio« hieß. Da keine Nachricht von der Expedition der Deutschen nach Europa gelangt war, befürchtete Ulrich Ehinger, der Welser-Agent in Sevilla, Dalfinger sei ein Unfall zugestoßen. Um ihn zu finden, rüstete er ein weiteres Schiff aus, das mit 123 Soldaten und 24 deutschen Bergleuten bemannt war. Nach fünfmonatiger Irrfahrt erreichte die Verstärkung am 8. März 1530 Neu-Augsburg. Zwei Monate später traf dort auch der verschollen geglaubte Dalfinger von seinem ersten Entdeckungszug wieder ein.

„Alle Anstrengungen waren vergebens, das Goldland blieb unauffindbar …“

Feldhauptmann war der 24-jährige Nikolaus Federmann; seine Familie wohnte teils in Memmingen, teils in Ulm. Er fasste den kühnen Entschluss, mitten in das unbekannte Innere Südamerikas vorzudringen. Über Barquisimeto gelangte er zum Rio Cojedes und über Acarigua hinaus bis zur Steppe am Rio Portugueza. Sie stießen vor zum Apure, den sie »Isar« nannten. In verschiedenen Dörfern der Einheimischen »gab es, wie wir es überschlagen haben, an 16 000 Köpfe indischen Volks, ohne Weiber, Kinder und alte Leute, die zu Krieg nicht dienen«, wie Federmann notierte. Die Corahao griffen die Eindringlinge an, doch wurden sie in einem wahren Gemetzel besiegt: Federmanns Reiter töteten etwa 500 Indianer. Seine Leute hörten dort wundersame Geschichten von Amazonen, »ein wehrhafft, tyrannisch, unmenschlich Volck«, die nur einige Zeit im Jahr mit den Männern Gemeinschaft hätten. Auch gäbe es im Gebirge einen Stamm, der nicht sterbe, so Federmanns Aufzeichnungen.

Der legendäre Goldsee rückte in immer größere Ferne, je näher man ihm zu kommen glaubte. Federmann wurde von einem Indianerstamm zum nächsten gewiesen auf der Suche nach dem Goldmeer. So berichtet Federmann, dass sie das Land von Itabana – wie die Indios gesagt hatten – ganz mit Wasser bedeckt vorfanden. Sie konnten aber nicht unterscheiden, ob es sich um einen großen See oder eine Lagune handle, denn das Gebiet war von Nebel umhüllt. Zur Untersuchung dieses Gewässers hatten sie keine Schiffe und auch keine Zeit; die Indianer verhielten sich feindselig, und Federmann, der zudem an einem Fieber erkrankt war, musste sich zurückziehen. Nach sechsmonatiger Abwesenheit trafen die Konquistadoren am 17. März 1531 wieder in Neu-Augsburg ein.

Federmann fuhr nach Europa zurück, entging glücklich den maurischen Seeräubern »und brachte einen Schatz von mehr als 70 000 Dukaten, meist Gold und Perlen, für den Kaiser mit«. Damit finanzierte Karl V. unter anderem seine Kriege gegen den französischen König Franz I. Im Osten kämpfte der Kaiser gegen die Türken, die 1529 erstmals Wien belagerten. Die Probleme im Heiligen Römischen Reich mit der um sich greifenden Reformation führten zu einer befristeten Duldung der Protestanten. Sein Versuch zur Niederwerfung des Luthertums und zur Aufrichtung einer starken kaiserlichen Macht in Deutschland scheiterte letztlich am Widerstand der Landesfürsten. In Georg Hohermuth aus Memmingen fand sich ein Nachfolger des Gouverneurs Dalfinger. Der 34-Jährige verließ am 8. Dezember 1534 mit gut ausgerüsteten Kolonisten und 200 Pferden den Hafen von Cadiz. In Neu-Augsburg angelangt, zog er bald zu neu-

en Entdeckungen aus – glaubte er doch an die Auffindung eines zweiten Mexiko. Sein Weg führte ihn auf den Spuren Federmanns über Acarigua in ebenfalls unbekanntes Land. Längs der Kordilleren von Merida erreichte er am 8. Februar 1536 die »Isar« (Apure). Auch er fand nicht den Weg nach El Dorado. Der spanische Historiker Hernández de Oviedo (1478–1557) stellte dazu mit Wohlgefallen fest, dass Gott der Herr, der gerechte Richter, den Deutschen diese Entdeckung immer verwehrt habe.

Am Ufer des »Main« (Rio Meta) fand Hohermuth Spuren eines spanischen Eroberungszuges. Am 1. Dezember 1536 überschritt er unter großen Mühen den Meta, wurde jedoch von der Regenzeit überrascht und versuchte erneut, das Gebirge zu überschreiten, um endlich ins Goldland zu kommen. Er hielt sich stets in der gemäßigten Klimazone zwischen tropischem Regenwald und dem Hochgebirge auf. Durch diese kluge Routenwahl verlor er nur fünf Mann durch Unfälle, nicht einen durch Tropenfieber, Kälte oder Hunger. Hohermuth erreichte den Oberlauf des Caqueta, den er »Iller« taufte, nur 300 Kilometer nordöstlich von Quito, ehe er am 13. August 1537 kehrtmachte. Am 27. Mai 1538 trafen die Konquistadoren in Neu-Augsburg ein. Über 3500 Kilometer Wegstrecke hatten sie zurückgelegt; damit gehört Hohermuths Expedition, die Philipp von Hutten packend geschildert hat, zu den ausgedehntesten der Conquista-Zeit: »Gott allein und die gemeine Leut wissen, was Not und Elend, Hunger, Durst, Mühe und Arbeit die armen Christen in diesen drei Jahren erlitten haben, ist zu verwundern, dass es menschliche Körper so lang haben ertragen mögen. Ist ein Graus, was Ungeziefers als Schlangen, Kröten,… die armen Christen auf diesem Zug gegessen haben.«

„Ist ein Graus, was Ungeziefers als Schlangen, Kröten, … die armen Christen auf diesem Zug gegessen haben …“

Etliche dieser »armen Christen« verzehrten auch »wider die Natur Menschen-Fleisch«, so Hutten weiter, das mit Kräutern gekocht wurde. »Von diesem bösen, unkräftigen, unnatürlichen Essen, auch von der großen Arbeit, im Regen und Wind liegen« seien die Christen völlig ausgezehrt geworden, so dass »uns Gott nicht geringe Gnade bewiesen hat«, indem er die Rückkehr ermöglichte. Hohermuth kann für sich in Anspruch nehmen, der Entdecker der westlichen Zuflüsse des Orinoco und des Amazonas zu sein. Er rüstete zu einer neuen Unternehmung, starb jedoch zuvor am 11. Juni 1540 in Coro. Seit 1535 wieder in Venezuela, erhielt Feldhauptmann Nikolaus Federmann von Hohermuth den Auftrag, auf den Spuren Dalfingers im Tal des Rio Magdalena nach Süden auf das »Goldland« vorzustoßen. Federmann brach aber erst im Februar 1536 auf. Da inzwischen der spanische Gouverneur von Santa Marta von diesem Unternehmen erfahren und den Durchgang durch sein Gebiet untersagt hatte, versuchte er, sein Ziel auf Umwegen zu erreichen. Er folgte den Spuren Hohermuths bis zur Ostflanke der Kordilleren. Nachdem er die Flüsse Arauca, Meta und »Wertach« (Guaviare) überschritten hatte, erklomm er von Südosten her die Hochebene von Bogotá. Dort traf er, im Zentrum der Chibcha-Kultur, wo man El Dorado vermutete, die spanischen Konquistadoren Jiménez de Quesada, der den Rio Magdalena aufwärts gefahren war, und Sebastián de Belalcázar, der von Peru gekommen war. Hätte Federmann seine Reise nicht immer wieder hinausgezögert, hätte er den Wettlauf um El Dorado für das Handelshaus der Welser gewonnen. Es war kein freundschaftliches Zusammentreffen, doch man einigte sich und teilte die Beute – große Mengen an Gold und Perlen. Am 6. August 1538 erfolgte die förmliche Gründung einer Stadt in der Nähe des Ortes, der nach dem entthronten Chibcha-Herrscher Bacatá benannt wurde. In Verbindung mit dem Namen des Geburtsortes von Quesada entstand Santa Fé de Bogotá. Stadtpfarrer wurde der Kaplan der Welsermannschaft, Juan Verdejo. Bald verließen die drei konkurrierenden Eroberer das Land, um nach Spanien zu reisen und dem »Indienrat«, der obersten Verwaltungsbehörde und letzten Gerichtsinstanz für die überseeischen Gebiete, ihre persönlichen Ansprüche vorzutragen. Von Guataqui am Magdalenenstrom fuhren sie nach Cartagena. Am 8. Juni 1539 nahmen Belalcázar, Federmann und Quesada in Cartagena ein Schiff, das sie nach Jamaika brachte. Von dort begaben sie sich nach Europa.

„Bald verließen die drei konkurrierenden Eroberer das Land …“

An seinen Freund Francisco Avila schrieb Federmann, dass er den Kaiser um eine Entscheidung über die Rechtsansprüche an der Provinz von Alcazares (Bogotá) bitten wolle. In diesem Brief verriet Federmann auch seine Verbitterung und beschuldigte den toten Dalfinger und den lebenden Hohermuth der Unfähigkeit und der Feigheit, weil »sie sonst – der eine in acht Jahren, der andere in drei Jahren – den Welsern den Schatz von El Dorado hätten sichern können, den jetzt die Leute von Santa Marta genommen und in Säcken davongeschleppt haben«. Wegen seiner fluchtartigen Abreise aus Bogotá und weil er seinen Anteil am Chibcha-Schatz für sich behielt, wurde Federmann von den Welsern angeklagt. Nach längerem Leiden starb er im Februar 1542 im flandrischen Gent.

Noch einmal versuchten die Welser, sich ihr Lehen zu sichern, und sandten Philipp von Hutten sowie den ältesten Sohn des Begründers von Venezuela, Bartholomäus (VI.) Welser, nach Übersee. Hutten, 1511 in Birkenfeld (Franken) geboren, war ein Neffe des Humanisten Ulrich von Hutten. Im Dienst der Welser hatte er an früheren Entdeckungszügen teilgenommen und wurde nach dem Tod Hohermuths Generalkapitän. Mit 200 Mann und 150 Pferden drangen sie im Juni 1541 ins Landesinnere vor, um das Goldland zu suchen. Dabei kam Hutten über den südlichsten Punkt, den Hohermuth erreicht hatte, hinaus und stieß bis in die östlichen Ebenen des Gebiets zwischen dem Rio Guaviare und dem Rio Inirida vor. Dort traf er auf einen Indianerstamm mit höher stehender Kultur, musste aber wegen der geringen Zahl und der Erschöpfung seiner Begleiter umkehren. Hutten berichtet: »Wir setzten unseren Weg fort, mit mehr als einem Achtel von uns krank; dreißig davon mussten auf ihren Sätteln festgebunden werden. Wir waren nicht bekleidet, sondern glichen mehr den nackten Indianern.«

„Noch einmal versuchten die Welser ihr Lehen zu sichern …“

Mittlerweile hatte sich der Spanier Juan de Carvajal den Statthalterposten angeeignet, nahm nach Rückkehr der Welser-Expedition die beiden Führer gefangen und verurteilte sie zum Tod. Zwei schwarze Sklaven enthaupteten Bartholomäus Welser und Philipp von Hutten in der Karwoche 1546 auf dem Marktplatz von Tocuyo mit stumpfen Buschmessern. Der Historiker Juan Friede beschreibt Huttens Charakter: »Zweifellos war er einer der ehrenhaftesten Männer, die südamerikanischen Boden betraten. Keiner der vielen damals in Amerika weilenden Kämpfer hatte sein Schwert weniger mit Blut befleckt als er… Auch griff er nie zu den Waffen, ohne vorher alle friedlichen Mittel zu erproben.« Moritz von Hutten, der Bischof von Eichstätt, errichtete für seinen Bruder in der Kirche von Maria Sondheim bei Arnstein (Unterfranken) eine Gedenktafel. Bartholomäus (V.) Welser ließ keinen Gedenkstein für seinen ermordeten Sohn aufstellen, da er glaubte, dieser habe in Venezuela versagt.

Die kaiserliche Kanzlei, der »Indienrat« und die Augsburger Handelsherren stritten sich immer noch verbissen um ihre Konzessionen, als die Spanier die deutsche Conquista in Venezuela mit Feuer, Schwert und Galgen beendeten. Nun traf es jene Deutschen, die in Neu-Augsburg und Neu-Nürnberg zurückgeblieben waren. Für die Spanier war es nicht schwer, die seit Jahren fast ohne Nachschub gebliebenen deutschen Niederlassungen zu erobern. Wer von den Deutschen nicht in den Kämpfen fiel, wurde hingerichtet. Diese Gewalttätigkeiten veranlassten Karl V., Don Juan Pérez de Tolosa als Untersuchungsrichter nach Venezuela zu senden. Er zog Juan de Carvajal zur Verantwortung und ließ ihn am 17. September 1546 in Tocuyo hängen. Alle Mitschuldigen wurden der Justiz übergeben und am 9. Februar 1548 hingerichtet.

„Zwei schwarze Sklaven enthaupteten Bartholomäus Welser und Philipp von Hutten …“

Die katholischen Spanier hatten sich stets dagegen empört, dass sich die meisten Deutschen der Reformation angeschlossen hatten. Für ihr Gefühl waren Türken und Lutheraner mit Judas gleichzusetzen. Solange die Welser durch neue Darlehen und Kredite bei Karl V. in der Gunst standen, entgingen sie dem kaiserlichen Zorn. Doch Karl schloss sich zunehmend der Meinung seiner Ratsversammlung an: Er sollte die Besitzrechte der Welser in Venezuela kassieren. Der juristische Streit endete nach zehn Jahren mit einem Urteil des »Indienrats«: Der Welser-Kompagnie wurden am 13. April 1556 – drei Monate, nachdem Karl V. abgedankt hatte – ihre Rechte aberkannt, doch bestätigte ihr das Gericht, sie habe sich keinerlei Verfehlungen während ihrer Regierung schuldig gemacht. Die finanziellen Forderungen der Gesellschaft wurden abgewiesen, die Prozesskosten der Staatskasse aufgebürdet. Nie wieder sollte sich ein deutscher Konquistador auf die Suche nach El Dorado machen.

IONAS

Vom Steinmetz zum Superstar

Das ruhelose Leben des Michelangelo Buonarroti

Von Monika Weiner

Michelangelos Feinde hatten sich gründlich geirrt. Die Intrige, mit der sie ihm einen Dämpfer verpassen wollten, bewirkte das Gegenteil: Der 31-Jährige, der sich bisher nur als Bildhauer einen Namen gemacht hatte, bestand auch als Maler die Feuerprobe. Mit dem Deckengemälde in der Sixtinischen Kapelle wurde er über Nacht zum allseits gefeierten Star am italienischen Künstlerhimmel. Mit dem Erfolg hatte niemand gerechnet, nicht einmal Michelangelo selbst: Als Julius II. ihn 1506 beauftragte, die Decke der päpstlichen Kapelle neu zu gestalten, lehnte er ab. Begründung: Er habe kaum Erfahrung mit Freskotechnik, sei daher nicht der richtige Mann. Nur weil Julius sich partout nicht umstimmen ließ, stieg er schließlich doch aufs Gerüst. An Allerheiligen 1512 enthüllte er ein perspektivisches Gemälde der Genesis, das alles bisher Dagewesene in den Schatten stellte.

Die Geschichte klingt so fantastisch, dass sie schon fast unglaubwürdig erscheint. Tatsächlich entspricht sie wohl weitgehend den Tatsachen, denn schon die beiden ersten Biografen, Giorgio Vasari und Ascanio Condivi, Zeitgenossen des großen Künstlers, die in seiner Werkstatt ein und aus gingen, schildern den Fall. Außerdem ist die Episode in vielerlei Hinsicht typisch für Michelangelo: Der Bildhauer und Maler wurde zeitlebens hin- und hergerissen zwischen Ehrgeiz und Selbstzweifeln, Genialität und Sturheit. Seine außergewöhnliche künstlerische Begabung empfand er nur in seltenen, glücklichen Momenten als Segen. Und doch konnte er nicht anders, als seinem inneren Ruf zu folgen. Schon der kleine Michelangelo Buonarroti, 1475 in Caprese geboren, verbrachte Stunden über ein Blatt Papier gebeugt und zeichnete. Sein Vater Lodovico hatte für diese Leidenschaft seines Sohnes wenig Verständnis, ihn plagten andere Sorgen: Die Familie gehörte zwar zum mittleren Adel, hatte jedoch keine finanziellen Reserven.

Nach dem Ende seiner Amtszeit als Bürgermeister von Caprese kehrte Lodovico nach Florenz zurück, litt jedoch unter ständigem Geldmangel. Einige Jahre später starb auch noch seine Frau Francesca. Der Witwer versuchte nun, wenigstens die Zukunft seiner Söhne zu sichern, und schickte Michelangelo in die Lateinschule des Humanisten Francesco da Urbino. Der Bub sollte dort das Rüstzeug für eine spätere Karriere als Regierungsbeamter oder Geschäftsmann bekommen. Nun verspürte Michelangelo allerdings keinerlei Lust, lateinische oder griechische Grammatik zu pauken. Sein einziges Ziel war es, Künstler zu werden. Wann immer er konnte, besuchte er seinen Freund, den fünf Jahre älteren Francesco Granacci, der Lehrling war in der Künstlerwerkstatt von Domenico Ghirlandaio. Diese so genannte Bottega war eine feine Adresse: Ghirlandaio gehörte zu den besten Malern der Stadt, und er nahm seine Lehrbuben mit, wenn er bei einem Kunden ein Porträt anfertigte oder ein Fresko malte. Die Schüler durften zusehen und einfache Arbeiten selbstständig ausführen.

» Sein einziges Ziel war es, Künstler zu werden ... «

In der Werkstatt lernte man außerdem jede Art von Kunsthandwerk, beispielsweise das Gold- und Silberschmieden. Der Lohn war gering, der Lernerfolg enorm. Michelangelo war begeistert und wollte lieber heute als morgen in die Bottega eintreten. Doch Lodovico verweigerte die Zustimmung: Der Künstlerberuf schien ihm zu wenig standesgemäß – damals ahnte er nicht, dass schon bald die ganze Familie von der Kunst seines Sohnes leben würde. Der sturköpfige Sprössling wollte sich mit dem Nein des Vaters jedoch nicht abfinden. Mit Hilfe seines Freundes Francesco bearbeitete er den Papa so lange, bis dieser kapitulierte. Mit 13 Jahren wurde Michelangelo Lehrling in der Künstlerwerkstatt des Domenico Ghirlandaio. Endlich durfte er zeichnen, malen und sogar bei der Erstellung neuer Fresken im Chor der Kirche Santa Maria Novella mithelfen.

Hier lernte er die Tricks der Freskomalerei – beispielsweise, wie sich durch Auftragen mehrerer hauchdünner Schichten Licht- und Schatteneffekte erzielen lassen. Seine spätere Behauptung, er könne in der Sixtinischen Kapelle nicht malen, weil er kaum Erfahrung mit der Freskomalerei habe, wirkt vor diesem Hintergrund als ziemliches Understatement. Doch dazu später mehr. Zunächst einmal lernte Michelangelo erstaunlich schnell: Schon nach einem Jahr waren seine Zeichnungen nicht mehr von denen des Meisters zu unterscheiden. Lange vor Ablauf seiner Lehrzeit begann er sich in der Bottega zu langweilen. Bald fand er jedoch eine neue Herausforderung in der Künstlerwerkstatt des Lorenzo de' Medici.

Der Enkel des ersten großen Medici-Fürsten Cosimo war bekannt als Freund und Förderer der Kunst: Er dichtete und sammelte antike Skulpturen, die er in seinem Garten aufstellte. Angeschlossen an diese Privatsammlung war eine Lehrwerkstatt, in der Bertoldo di Giovanni, ein Schüler des berühmten Florentiner Bildhauers Donatello, begabte junge Leute aus gutem Hause unterrichtete. Francesco gehörte bereits zum Kreis dieser Auserwählten, und durch ihn lernte auch Michelangelo die »Schule« kennen. Er schloss schnell Freundschaft mit den Steinmetzen, schwatzte ihnen ein Stück Marmor sowie Werkzeuge ab und kopierte die Maske eines Fauns. Eine persönliche Note gab er dem Werk, indem er den Faun mit geöffnetem Mund darstellte, so dass man die Zähne sehen konnte. Wenn man der Legende glaubt, war Lorenzo von diesem Erstlingswerk beeindruckt, bemerkte jedoch, dass ein alter Faun unmöglich alle Zähne haben könne. Prompt verpasste Michelangelo seiner Skulptur eine Zahnlücke. Als Lorenzo das sah, war er entzückt. Er ließ den Vater des jungen Künstlers zu sich rufen und bat ihn, Michelangelo in seinen Palast aufnehmen zu dürfen.

Die Bekanntschaft mit Lorenzo war einer jener glücklichen Zufälle, die auch in der Renaissance die Voraussetzung für eine erfolgreiche Künstlerkarriere waren: Begabung allein reichte schon damals nicht aus, man musste auch die richtigen Leute kennen. In Lorenzos Haus verkehrten berühmte Gelehrte, und der 14-jährige Michelangelo hatte Gelegenheit, ihren Gesprächen über Neuplatonismus oder Humanismus zu lauschen, wenn er gerade nicht im Skulpturengarten die Werke der alten Meister studierte oder unter Bertoldos Anleitung in der Werkstatt arbeitete. Die Zeit, die er im Palast der Medici verbrachte, war die unbeschwerteste seines Lebens. Der paradiesische Zustand endete jedoch mit dem plötzlichen Tod Lorenzos am 18. April 1492.

„Begabung allein reichte schon damals nicht aus, man musste auch die richtigen Leute kennen …“

Von nun an musste Michelangelo auf eigenen Füßen stehen, künstlerisch wie ökonomisch. Eine Existenz als freier Künstler aufzubauen war schon damals kein Zuckerlecken, doch der 17-Jährige machte sich mit Feuereifer ans Werk. Im Haus seines Vaters richtete er sich eine Werkstatt ein, bemühte sich um Aufträge und arbeitete an neuen Skulpturen. Seine Freizeit verbrachte er mit anatomischen Studien im Leichenschauhaus des Klosterkrankenhauses von Santo Spirito. Bereits in dieser frühen Schaffensperiode ging er unbeirrbar seinen Weg. Er kümmerte sich nicht darum, was andere glaubten oder von ihm hielten. Ob diese Unabhängigkeit politischem Kalkül entsprang, lässt sich heute nicht mehr feststellen. Wahrscheinlich war sie eine Folge ständigen Zeitmangels: Die Kunst war für Michelangelo das zentrale Thema seines Lebens – Politik, Freundschaft oder Liebe spielten nur untergeordnete Rollen. Trotzdem konnte er nicht verhindern, dass die politischen Irrungen und Wirrungen seiner Zeit auch sein Leben beeinflussten.

„Seine Freizeit verbrachte er mit anatomischen Studien …“

Da war zum Beispiel der radikale Dominikanermönch Girolamo Savonarola, der nach dem Tod Lorenzos seine Machtposition ausbaute: Er wetterte gegen den Sittenverfall im Allgemeinen und die Medici im Speziellen. In seinen Predigten prophezeite er die apokalyptische Rache Gottes. Als der französische König Karl VIII. 1494 Italien angriff, weckte Savonarola bei seinen Anhängern eine geradezu hysterische Endzeitstimmung. Die Folge war ein Volksaufstand: »Piero II., Lorenzos wenig streitbarer Sohn, wurde aus der Stadt gejagt. Eine Republik wurde errichtet. Die Reform der Sitten und der Religion führte zu einer Verdammung der neuplatonischen Lehren sowie jeglicher Darbietung weltlicher Kunst«, resümiert Pierluigi de Vecci vom kunsthistorischen Institut der Mailänder Universität. Viele Florentiner flüchteten. Auch Michelangelo verließ im November 1494 die Stadt. Zuerst ging er nach Venedig, später nach Bologna. Über die genauen Ursachen dieser Flucht ist nichts bekannt: Denkbar, dass er sich wegen seiner Verbindungen zu den Medici bedroht fühlte. Vielleicht fürchtete er aber auch nur um seine Entfaltungsmöglichkeiten als Künstler.

Die Rückkehr im darauf folgenden Jahr ist ebenso rätselhaft: In Florenz herrschte noch immer Savonarola, als Michelangelo wieder eine Werkstatt eröffnete. Hermann Grimm vermutet in seinem Kunstgeschichtsklassiker ›Das Leben Michelangelos‹, der Florentiner Bildhauer sei zurückgegangen, weil er in Bologna nicht habe Fuß fassen können: »Die Bologneser Künstler waren berüchtigt wegen ihrer feindseligen Gesinnung gegen Fremde.« Das erste Werk, das Michelangelo in Florenz schuf, war die lebensgroße Skulptur des schlafenden Cupido. Lorenzo di Pierfrancesco de' Medici gefiel sie so gut, dass er Michelangelo empfahl, das Kunstwerk auf alt zu trimmen und an einen reichen römischen Antikensammler zu verkaufen. Das Werk geriet allerdings in die Hände eines unredlichen Mittelsmanns, der den Cupido zu einem überhöhten Preis einem Kardinal andrehte. Obwohl dieser den Betrug schnell bemerkte, war er von den Fähigkeiten des jungen Florentiner Künstlers begeistert und lud ihn ein, seine Skulpturensammlung zu besichtigen.

So kam Michelangelo mit 21 Jahren erstmals nach Rom. Der Kardinal empfing ihn freundlich und beauftragte ihn mit einer weiteren Skulptur, dem »Trunkenen Bacchus«. Als Nächstes schuf der immer noch unbekannte Künstler eine Maria, auf deren Schoß der tote Jesus liegt. Die »Pietà« machte ihn über Nacht berühmt: »Es wird wohl nie ein anderer Bildhauer ... den Entwurf dieses Werkes an Anmut und Schönheit übertreffen, noch den Marmor ... kunstvoller ausmeißeln können«, schreibt Vasari. Von überall kamen nun Aufträge, auch aus Florenz.

„Die ‚Pietà' machte ihn über Nacht berühmt ...“

Dort hatte sich die politische Situation grundlegend geändert: 1498 war Savonarola exkommuniziert worden, 1501 wurde er als Ketzer verbrannt, die Medici kehrten zurück. Nun suchte man einen Bildhauer, der aus einem gigantischen Marmorblock von neun Ellen Höhe, der seit Jahrzehnten auf dem Hof der Werkstätte für Dombauarbeiten herumlag, eine Skulptur herausschlagen sollte. Michelangelo bewarb sich und erhielt den Auftrag, einen riesigen »David« zu schaffen – das Symbol des Sieges über die Tyrannei.

Die Florentiner waren begeistert und Michelangelo bekam den Marmorblock. Mehr als zwei Jahre arbeitete er an der Skulptur, die im Januar 1504 auf der Piazza della Signoria vor dem Palazzo Vecchio aufgestellt wurde. Die monumentale Statue gilt bis heute als größte und formvollendetste der Renaissance. Ihr Schöpfer, der 26-jährige

Michelangelo, war von nun an die Nummer eins unter Italiens Bildhauern. 1873 verfrachtete man den David übrigens in die Akademie der Schönen Künste, um ihn vor Witterungseinflüssen zu schützen. An den ursprünglichen Platz stellte man eine Kopie des Meisterwerks, eine weitere Kopie findet man heute auch am Piazzale Michelangelo.

Plötzlicher Ruhm war allerdings schon damals ein Nährboden für Neid und Hass. Der Künstler hatte bis zu seinem Lebensende mit Intrigen zu kämpfen. Die wohl berühmteste ist die des Architekten Bramante von Urbino: Dieser nutzte seine guten Beziehungen zu Papst Julius, um Seiner Heiligkeit die Errichtung eines monumentalen Grabmals auszureden, mit der Michelangelo bereits beauftragt worden war. Über Bramantes Motive ist viel spekuliert worden. Möglicherweise fürchtete er die Konkurrenz des Florentiner Künstlers. Vielleicht wollte er auch nur erreichen, dass alle verfügbaren Mittel des Papstes in den Bau des Petersdoms investiert würden, dessen Baumeister Bramante war. Tatsache ist: Als Michelangelo 1506 bei Julius das Geld für die benötigten Marmorblöcke abholen wollte, wurde er fortgeschickt.

„Der Künstler hatte bis zu seinem Lebensende mit Intrigen zu kämpfen …“

Als Entschädigung für den Arbeitsausfall bot ihm der Papst an, die Decke der Sixtinischen Kapelle neu zu gestalten. Hinter diesem Auftrag steckten, wie eingangs erwähnt, wahrscheinlich Michelangelos Feinde, allen voran Bramante. Sie hofften insgeheim, der Florentiner werde sich bei der Erstellung des riesigen Deckenfreskos blamieren. Michelangelo wusste, dass sein Ruf auf dem Spiel stand, und lehnte ab. Dem Papst erklärte er, er habe zu wenig Erfahrung und sei daher nicht der richtige Mann. Der Einwand war wahrscheinlich durchaus ernst gemeint – Michelangelo schätzte seine Fähigkeiten immer eher gering ein. Nicht, dass er ein gestörtes Selbstwertgefühl gehabt hätte: Er war lediglich ein Perfektionist, der nur selten zufrieden war mit seinen Leistungen – viele seiner Werke blieben aus diesem Grund unvollendet. Während er das Deckenfresko in der Sixtinischen Kapelle malte, führte er permanent einen inneren Kampf gegen die eigenen Ansprüche. An seine Familie in Florenz schrieb er: »Ich lebe hier in großem Kummer und in äußerster körperlicher Erschöpfung.« Zu der psychischen und physischen Anstrengung kamen Geldsorgen. Das verwundert auf den ersten Blick, denn Michelangelo stand im Dienst des Heiligen Stuhls, legte keinen Wert auf Luxus und lebte, wie sein Biograf Condivi berichtet, immer wie ein armer Mann. Tatsächlich war selbst ein Auftrag vom Papst keine Garantie für pünktliche Zahlungen. Wenn Julius Krieg führte, musste der Künstler auf seine Honorare warten. 1510 wurde die Arbeit in der Sixtinischen Kapelle aus Geldmangel sogar völlig eingestellt. Erst im Januar 1511 konnte Michelangelo seinem Bruder in Florenz berichten: »Das Geld ist mir ausgezahlt worden.« Für die Familie Buonarroti dürfte das Grund zum Feiern gewesen sein, denn Michelangelo unterstützte mit seinen Honoraren großzügig den ganzen Clan.

Eine eigene Familie gründete er nicht. Der große Bildhauer und Maler, der überall gefeiert und verehrt wurde, blieb bis zum Ende seines Lebens ein Einzelgänger. In Gesellschaft fühlte er sich unwohl. Mit 57 Jahren soll er sich in den gut aussehenden Edelmann Tommaso de' Cavalieri verliebt haben – die Beziehung scheint jedoch rein platonisch gewesen zu sein. Aus Frauen machte sich Michelangelo – bis auf eine Ausnahme – nichts. Die große Liebe hieß Vittoria Colonna, eine Humanistin und Dichterin. Als der Künstler sie kennen lernte, war sie bereits verwitwet und er selbst 61 Jahre alt. Körperlich kamen sich die beiden nie nahe: Bei ihren Treffen diskutierten sie über theologische oder philosophische Fragen; wenn sie sich nicht sehen konnten, schrieben sie einander flammende Gedichte. Nach Ansicht des Biografen Hermann Grimm war Vittoria der einzige Mensch, dem Michelangelo je seine Seele geöffnet hat. Nach ihrem Tod 1547 war er, dem Bericht Condivis zufolge, »stumpf und wie irr«. In dieser Phase dürfte es noch schwieriger als sonst gewesen sein, mit ihm auszukommen. Michelangelo galt ohnehin als komplizierter und nicht besonders umgänglicher Mensch. Seine Biografen berichten, er habe in einem Wutanfall seine Assistenten aus der Sixtinischen Kapelle hinausgeworfen. Die Kunsthistoriker haben mittlerweile zwar herausgefunden, dass ihm bei der Ausführung einfacher Arbeiten auch weiterhin einzelne Gehilfen zur Hand gingen, der geborene Teamworker war Michelangelo aber nicht.

„Ich lebe hier in großem Kummer und in äußerster körperlicher Erschöpfung …“

Auch seine scharfe Zunge war überall gefürchtet, und nicht einmal die Päpste waren vor seinem Sarkasmus sicher. Julius II. ließ er ausrichten: »Sagt dem Papste, er möge mich suchen, wo ich zu finden sei.« Paul IV., der die Retuschierung des »Jüngsten Gerichts« anordnete, bekam zu hören: »Das ist bald getan; der Papst soll nur die Welt in Ordnung bringen, mit Bildern ist das eine geringere Mühe, die halten still.« Julius II., der selbst die Dinge beim Namen nannte, nahm Michelangelo seine aufmüpfige Art nicht allzu übel. So manchem seiner Nachfolger war der Florentiner jedoch allzu ruppig. Trotzdem wollte keiner auf ihn verzichten – immerhin war Michelangelo der renommierteste Künstler seiner Zeit. Leo X. beauftragte ihn, eine Marmorfassade für die Kirche von San Lorenzo in Florenz zu entwerfen. Für Papst Paul III. schuf er in der Sixtinischen Kapelle das »Jüngste Gericht«. Nach dem Tod des Baumeisters Sangallo übernahm er 1546 sogar – unentgeltlich, aus Liebe zu Gott – die Bauleitung des Petersdoms.

» Seine Biografen berichten, er habe in einem Wutanfall seine Assistenten aus der Sixtinischen Kapelle hinausgeworfen … «

Paul III. ernannte ihn 1549 zum »obersten Kommissär und Architekten von St. Peter«. Die Auszeichnung war eine hohe Ehre, schuf jedoch auf der Baustelle böses Blut. Michelangelo wurde gemobbt. Die langjährigen Mitarbeiter seines Vorgängers, die weder mit dem neuen Sparkurs noch mit dem geänderten Bauplan einverstanden waren, brachten Gerüchte in Umlauf, Michelangelo sei nicht haltbar, da er alt und kindisch geworden sei. Der Künstler drohte schließlich, sein Amt niederzulegen, bekam jedoch Rückendeckung von dem neuen Papst Pius IV. Michelangelo blieb damit weiter im Amt und baute 1561 noch ein Modell für die Kuppelkonstruktion. Die Fertigstellung des gewaltigen Bauwerks erlebte er jedoch nicht mehr. Der Bildhauer, Maler und Architekt starb am 18. Februar 1564 im Alter von fast neunzig Jahren. Sein Leichnam wurde nach Florenz überführt, Tausende gaben ihm die letzte Ehre: Michelangelo, der schon zu Lebzeiten den Beinamen »der Göttliche« erhalten hatte, war zur Legende geworden.

»Gestatten, Baron Münchhausen!«

Die wahre Geschichte eines Meisterlügners

Von Peter Boccarius

Eigentlich sollte man meinen, die Geschichte des Lügenbarons Münchhausen und des Welt-Bestsellers, der seinen Namen trägt, sei eine vergnügliche Geschichte. Fällt doch jedem, wenn er von diesem Teufelskerl hört, unter Schmunzeln zumindest eines ein: wie der Mann in malerischer Uniform, Dreispitz und Perücke auf dem Kopf, Säbel an der Seite und überdimensionale Kürassierstiefel an den Beinen, auf einer Kanonenkugel fröhlich durch die Lüfte fliegt. Aber so voll guter Laune war Münchhausens Leben nicht ständig, und gegen Ende sogar grämlich, woran zwei deutsche Professoren nicht wenig Schuld hatten. Es war eine sehr ernsthafte Geschichte von Schuld, Lügen und Kriminalität, von verkrachter Existenz und wilder Liebe, von glücklichen und schrecklichen Ehen. Und manches Wichtige muss mit einem Fragezeichen versehen werden, weil die Quellen dazu gar nichts, Widersprüchliches oder nur Spärliches bekannt geben und der Autor seine Fantasie zu Rate ziehen muss.

Hieronymus Karl Friedrich Baron (oder Freiherr) von Münchhausen (1720–1797) war aus feinstem niedersächsischem Uradel, fünftes von acht Kindern. Sein Vater war Obristleutnant; die Mutter ebenfalls von vornehmer Herkunft. Man lebte im alten Stammschloss der Familie in Bodenwerder an der Weser. Hieronymus wurde an der Schwelle vom Barock zum Rokoko geboren, als die Damen (wenn sie es sich leisten konnten) bauschige, kostbare, bodenlange Röcke und gewagte Busenausschnitte trugen, die Herren (wie die Damen auch) gepuderte Perücken, dazu Kniehosen, Seidenstrümpfe und Schnallenschuhe; und die Offiziere kleideten sich so, wie oben bei Münchhausens Kanonenritt geschildert. Wie in seinen Kreisen üblich, diente der Edelknabe Hieronymus zunächst als Page – nämlich am Hofe von Wolfenbüttel. Mit siebzehn wurde er von seinem Landesherrn, dem Herzog Karl I. von Braunschweig-Wolfenbüttel, in die weite Welt geschickt – nach Osten: zu dessen Bruder, dem Erbprinzen Anton Ulrich, der in russischen Militärdiensten stand. Bei ihm, in Riga, machte der Junge rasch Karriere: Vom Pagen stieg er 1739 in Anton Ulrichs feudalem Kürassier-Regiment »Braunschweig« zum Kornett auf; und ein Jahr später, mit zwanzig, hatte der junge Herr dann sein Leutnantspatent in der Tasche.

So weit, so gut – und alles glaubhaft verbürgt. Aber nun wird es rätselhaft: Hie und da liest man, Münchhausen habe selbst am Krieg gegen die Türken und dann gegen die Schweden teilgenommen. Aber hat er das wirklich? Focht er tapfer mit Janitscharen, sah er schwedischen Soldaten furchtlos ins Auge? Skeptiker verweisen auf den Mangel an urkundlichen Belegen über Einsätze des blutjungen Offiziers; der Türkensäbel, den Münchhausen als Siegestrophäe mit nach Hause brachte, sagen sie, sei ein zu mageres Alibi für Kriegsruhm. Vielleicht geben darüber eines Tages unbekannte Münchhausen-Briefe Auskunft, die ein russischer Gelehrter ausgebuddelt haben will.

»Focht er tapfer mit Janitscharen, sah er schwedischen Soldaten furchtlos ins Auge?«

Aber im kultivierten Riga – da lässt es sich leben. Da findet ein junger Adeliger und Offizier mit vielversprechenden Aussichten offene Türen zur guten Gesellschaft. Dass man ihn gerne sieht, erzählt Münchhausen in seinen Briefen in die Heimat. Und dass sein Chef, der Erbprinz Anton Ulrich, große Stücke auf ihn hält, beweisen prächtige Geschenke: Zum Kornett-Patent spendierte der Prinz seinem Protegé drei schmucke Pferde und ein Paar Pistolen. Und als Münchhausen Leutnant wurde, sahen zwölf andere Fähnriche in den Mond. Er war ihnen bei der Beförderung vorgezogen worden. Jedenfalls schrieb er das seiner »Hoch zu Ehrenden Frau Mama«... Und wenn es nicht seine erste Münchhausiade war, wird es wohl stimmen.

Dann jedoch, 1741, war alles zu Ende. Der Wind drehte sich, die hohe Politik schaltete sich ein. Im fernen St. Petersburg spielte sich eine jener Räuberpistolen ab, an denen die russische Herrschergeschichte so reich ist. Und ausgerechnet Münchhausens Chef, dem Erbprinzen Anton Ulrich von Braunschweig-Wolfenbüttel, sollte sie den Untergang bringen. Zarin Anna Iwanowna starb, und als ihr Nachfolger wurde ein Iwan auf den Thron Russlands gespült. Das war Anton Ulrichs Sohn, ein Kerlchen von zweieinhalb Monaten; und Anton Ulrichs Gemahlin – Iwans Mutter – stieg zur Regentin des Landes auf. Die ganze Herrlichkeit dauerte gerade mal dreizehn Monate; dann putschte Elisabeth, die Tochter Peters des Großen, und ihre Palastrevolution glückte: Die tatkräftige Dame konnte sich die Zarenkrone aufsetzen, den kleinen Iwan und seine Eltern aber jagte sie in die Verbannung. Zunächst nach Riga und durchs Baltikum; dann verschwanden sie in den Weiten Russlands, wo Anton Ulrich und seine Frau ihr restliches Leben fristeten. Iwan jedoch, der kleine Ex-Zar, wurde ihnen bald weggenommen. Sein Schicksal war ähnlich dem Kaspar Hausers – und ähnlich grausam: Man hielt den »Gefangenen Nr. 1« von allen Menschen streng getrennt in finsteren Verliesen, schleppte ihn durch verschiedene Festungen, bis er schließlich 23-jährig und beinahe schwachsinnig, im Kerker von Schlüsselburg umgebracht wurde. Wärter erdolchten ihn, als man ihn zu befreien versuchte.

Und nun stoßen wir wieder an eine Mauer, hinter der alle möglichen Fragen stecken. Denn natürlich würden wir gerne wissen: Wie benahm sich der junge Baron Münchhausen in diesem Spiel um die Macht? Hielt er zu seinem Chef und Gönner, dem Erbprinzen, bot er ihm an, scinc Verbannung zu teilen? Oder bekam er Anton Ulrich gar nicht mehr zu Gesicht, weil dieser unter strenger Bewachung stand? Weilte Münchhausen derzeit gerade weit ab von der politischen Schusslinie und vielleicht doch im schwedisch-russischen Krieg (1741–43), allerdings in der Etappe? Oder hat sich der Baron gar bei der Gegenseite, der neuen Zarin Elisabeth, eingeschmeichelt und angebiedert, um seine Offizierskarriere zu retten?

> **„Wie benahm sich der junge Baron Münchhausen im Spiel um die Macht?“**

Viel kann dem Mann jedenfalls nicht passiert sein, durfte er doch ein paar Jahre später (1744) in Livland das Fräulein Jacobine von Dunten zum Traualtar führen (laut Eintrag im Kirchenbuch). Also hat er sich weiter als Offizier im Sattel gehalten, was eine Notiz in einer Rigaer Chronik noch deutlicher beweist: Herr Leutnant sei mit 20 Kürassieren und einem Trompeter zu einem respektablen Ehrendienst abkommandiert worden (und das wenige Tage vor seiner Hochzeit): nämlich zu Schutz und Geleit einer durchreisenden, noch nicht fünfzehnjährigen deutschen Prinzessin, die von Russlands Herrscherin am

Petersburger Hofe erwartet wurde. Dieses junge Mädchen war keine geringere als die Frau, die später als Zarin Katharina Weltgeschichte schreiben sollte.

Ehrenamt hin, Ehrenamt her: Mit Münchhausens Offizierskarriere ging es nicht weiter. Erst nahezu ein Jahrzehnt nach dem Sturz seines Gönners hatte es der Baron endlich zum Rittmeister gebracht (1750). Zu denken gibt dabei, was Elisabeths schriftlicher Beförderungsbefehl verrät: Das Regiment, in dem der Baron nun diente, war das des Neffen der Zarin – derselben Zarin, die Prinz Anton Ulrich in die Wüste geschickt hatte. Offenbar hatte Münchhausen nun die Nase voll vom Militärdienst und von Russland. Er begab sich nach Hause und begann eine zweite Existenz: als Herr auf seinem Gut Bodenwerder. Nun lebte er, wie Landjunker damals zu leben pflegten: mit Hunden und Pferden, lästigen Getreiderechnungen, volkreichen Viehmarkttagen und auf der Jagd mit Hurra durch die Felder. Er stritt sich mit Nachbarn und seinem Bürgermeister herum, da war er nicht zimperlich, und machte sich Feinde; er baute ein wenig und führte mit seiner Jacobine eine lange, glückliche Ehe, der aber keine Kinder beschieden waren.

Das alles wäre für die damalige Zeit nichts Besonderes gewesen, hätte der Baron nicht eine Aufsehen erregende Begabung entwickelt: Wenn sich in einem Göttinger Gasthof oder seinem Gartenhaus in Bodenwerder ein Kreis von Freunden um ihn versammelt hatte, konnte es vorkommen, dass er beim Punsch, seine kurze Meerschaumpfeife schmauchend, zu erzählen begann. Manches von dem, was er da Unglaubliches erzählte, war dem einen oder anderen Zuhörer schon bekannt, durch Münchhausen selbst oder aus irgendeiner Lektüre. Aber wie er das in Ich-Form vorbrachte, das war unbeschreiblich fesselnd und amüsant. Seine blitzenden Augen, seine feurigen Gesten – die Zuhörer konnten den Blick nicht von ihm wenden. Dabei blieb er aber in jedem Moment ein Herr, ein Gentleman, nie machte er sich um des Beifalls willen zum Clown.

„Beim Punsch, seine kurze Meerschaumpfeife rauchend, begann er zu erzählen …“

Es wurde publik. Münchhausen hat so gut Münchhausiaden erzählt, dass sein Ruf, oder soll man sagen: sein Ruhm?, über Bodenwerder, Göttingen, Hannover hinausdrang. Und so nahm etwas seinen Lauf, das dem guten Baron später das Leben bitter vergällen sollte. In Berlin gab es nämlich ein Blättchen mit dem Titel ›Vade Mecum für lustige Leute‹, und darin wurden anonym 1781 sechzehn und 1783 nochmals zwei Anekdoten als ›M-h-s-nsche Geschichten‹ abgedruckt. Aber auch wenn Eingeweihte diese Namensverschleierung durchschauten, die Veröffentlichung war keine Katastrophe. Wer las schon das ›Vade Mecum‹? Erst mussten zwei Professoren mit zweifelhaftem Ruf ins Spiel kommen, um den Baron um seine Ehre bangen zu lassen und vor aller Welt als Lügner und Aufschneider hinzustellen. Verlassen wir kurz Münchhausen und schildern die fatalen Lebenswege dieser beiden Herren.

„Dabei blieb er in jedem Moment ein Herr, ein Gentleman …“

Der erste: Rudolf Erich Raspe war ein sonderbarer Vogel – aus guter Familie, mehr als anderthalb Jahrzehnte jünger als Münchhausen, an zwei Universitäten ausgebildet. Er besaß eine Menge vortrefflicher Talente, aber eines nicht: Maßhalten im Geldausgeben. Dabei war sein Leumund zunächst so untadelig wie sein Ansehen als Gelehrter. In Kassel, wo er als Hofbeamter in leitender Stellung tätig war, wurde er zum Rat befördert; und die British Royal Society in London, die ehrwürdige Wissenschaftsakademie Englands, bestallte ihn mit 32 Jahren zu ihrem korrespondierenden Mitglied. Denn er überzeugte die Gelehrtenwelt durch wichtige Veröffentlichungen: Die Philosophen erfreute er zum Beispiel, indem er Unbekanntes von Leibniz aufstöberte und drucken ließ. Raspe war als Experte auf vielerlei Gebieten bekannt, von der Mineralogie bis zu eigenen Dichtungen. Aber das Geld! Der Mann konnte damit einfach nicht umgehen. Schon in seiner Studentenzeit hatte er kräftig Schulden gemacht und die verfolgten ihn bis in die Jahre seiner Kasseler Anstellung.

Das Gehalt, das ihm der Landgraf Friedrich II. von Hessen-Kassel zahlte, war nicht überwältigend, und die Finanzverwaltung rückte es auch noch unregelmäßig heraus. Aber der rothaarige, wenig attraktive Raspe wollte nun mal eine Rolle in der feinen Gesellschaft spielen, führte ein elegantes Haus, besuchte die Oper, Soiréen, Empfänge. Und das war teuer (vielleicht wollte er auch seiner schönen Gattin, einer Berliner Arzttochter, imponieren). So stiegen die Schulden und stiegen, bis die Gläubiger ungemütlich wurden. 1745 tat Raspe dann den

Schritt von der bürgerlichen Existenz zu der des ruhelosen Landflüchtigen: Er stahl. Als oberster Aufseher des Kasseler Münzkabinetts machte er lange Finger und geriet, so ein Lexikon jener Zeit, »auf den schändlichen Gedanken, viele schätzbare Stücke aus dem ihm anvertrauten Medaillenkabinet, ungefähr 2000 Thaler an Werth, zu entwenden und sich noch anderer Kniffe schuldig zu machen«. Verhaftung, Flucht – Raspe entwich über den Kanal und England gewährte dem Emigranten Asyl. Die Royal Society freilich hat ihn gefeuert.

Dass er nicht vor die Hunde ging und (freilich mit ramponiertem Ruf und neuerlichen Schulden) auch in Großbritannien wieder auf die Füße kam, verdankte er seinen vielfältigen Talenten und seinen Sprach- und Fachkenntnissen. Übersetzungen vom Englischen ins Deutsche und vom Deutschen ins Englische, die Entdeckung einer wissenschaftlichen Handschrift, Tätigkeiten als Münzfachmann und auch als Bergwerksspezialist in Schottland, Wales und Irland wechselten sich ab. Beinahe zwei unruhige Jahrzehnte blieben ihm noch, bis er schließlich, keine 60 Jahre alt, in einer Kohlenmine Irlands an Fleckfieber starb.

Aber: Im englischen Asyl brachte der Ex-Professor nicht nur Übersetzungen und Fachliteratur heraus, sondern auch den kleinen Band, um dessentwillen hier seine traurige Biografie erzählt wurde: Um sich ein wenig Geld zu verdienen, übersetzte Raspe 1785 die Münchhausen-Geschichten aus dem ›Vade Mecum‹ ins Englische und fertigte selbst die Illustrationen dazu an. Der Titel seines Buches: ›Baron Munchhausen's Narrative of His Marvellous Travels and Campaigns in Russia‹. Und auch hier wurde der Name des Autors verschwiegen, während Münchhausens Name knallig auf dem Titelblatt prangte. Der Erfolg veranlasste den Londoner Verlag, in schneller Folge weitere Auflagen herauszubringen, und für die dritte hat Raspe dem Münchhausen ohne zu zögern fünf neue Abenteuer angedichtet und unter dem Namen des Barons mitveröffentlicht. Und hier schließt sich der Kreis zum dritten Mann der Geschichte: zu Gottfried August Bürger. Dieser Professor., den der um fast drei Jahrzehnte ältere Herr auf Bodenwerder hasste, hat Raspes englisches Münchhausen-Buch ins Deutsche zurückübersetzt und ebenfalls mit neuen Geschichten angereichert.

> **„Und hier schließt sich der Kreis zu Gottfried August Bürger …“**

Gottfried August Bürger: Pfarrersohn, Justizamtmann, außerordentlicher Professor mit der Ehrendoktorwürde in Göttingen – einst kannte ihn ganz Deutschland. Die einen sahen in ihm einen genialen Dichter des Sturm und Drang, die anderen einen Sittenstrolch, der mit zwei Frauen in einer Ehe zu dritt lebte. Ein Krimineller wie Raspe war Bürger nicht, aber ebenfalls ein zerrissener, labiler Mann, der immer gegen das Schicksal ankämpfte, immer mit Schulden, Sorgen und Kummer beladen war. Sein Juristenamt überforderte ihn, seine Qualitäten als Dichter zweifelte kein Geringerer als Schiller an, seine akademische Tätigkeit wurde von den Universitätskollegen bespöttelt. Dabei ließ seine Ballade ›Lenore‹ einmal das literarische Deutschland aufhorchen, dieses berühmte Gedicht, das so beginnt: »Lenore fuhr ums Morgenrot/ Empor aus schweren Träumen …« Bürgers Zeitgenossen empfanden anders als wir. Uns Heutigen erscheint die Lenoren-Ballade mit ihren endlosen 32 Versen zu je acht Zeilen eher unfreiwillig komisch, mit allzu dick aufgetragener Moral. Mehr ergreifen uns Bürgers Liebesgedichte an Molly (so nannte er seine Schwägerin), und mit Bewunderung lesen wir seine politischen Verse, die mit Zivilcourage in einer unfreien Welt geschrieben wurden. Zum Beispiel dieses Gedicht (gekürzt) mit dem Titel ›Der Bauer/ An seinen Durchlauchtigen Tyrannen‹:

»Wer bist du, Fürst, dass in mein Fleisch
Dein Freund, dein Jagdhund ungebläut
Darf Klau' und Rachen hau'n?
Wer bist du, dass durch Saat und Forst
Das Hurra deiner Jagd mich treibt,
Entatmet, wie das Wild?«

Diese kühnen Verse wurden populär. Süffisanten Gesprächsstoff aber lieferte den Klatschmäulern die vertrackte Ehe des Dichters, die auch schon mal als »Pfuhl des Lasters« bezeichnet wurde: Als Justizamtmann von Altengleichen bei Göttingen heiratete Bürger 1774 das Mädchen Dorette aus der Niedecker Amtmannsfamilie Leonhart und verliebte sich in ihre schönere, temperamentvollere, erst 16-jährige Schwester Auguste (»Molly«). Schwager und Schwägerin konnten ihre Leidenschaft nicht bezähmen, auch eine zeitweilige Trennung ließ ihre heiße Liebe nicht erkalten. So wurde »mit Dorettes Zustimmung« aus der heimlichen Beziehung eine Ehe zu dritt. Kein Zweifel,

dieses Zusammenleben verlief reichlich problematisch; Dorette bekam in dieser Zeit zwei Töchter, Molly einen Sohn von Bürger. Auch sollte die Doppelliebe tragisch ausgehen: Mit nur 28 Jahren starb die Ehefrau Dorette 1784 an den Folgen einer dritten Geburt; Molly, ein knappes Jahr später mit Bürger verheiratet, folgte der Schwester und Liebeskonkurrentin nach sechs Monaten Ehe in den Tod, nachdem sie ebenfalls eine Tochter zur Welt gebracht hatte. Bürger klagte und verzweifelte. So endete die Verwirklichung eines Traums, den auch heute noch mancher Mann träumt: das Zusammenleben mit zwei Frauen zur gleichen Zeit.
Im Jahr von Mollys Tod erschien – angeblich in London, tatsächlich aber in Göttingen und wieder anonym – Bürgers Raspe-Übersetzung mit dem Titel ›Wunderbare Reisen zu Wasser und zu Lande, Feldzüge und lustige Abentheuer des Freyherrn von Münchhausen, wie er dieselben bey der Flasche im Cirkel seiner Freunde selbst zu erzählen pflegt‹. Er habe das Werk, fügte Bürger an, »hier und da erweitert«. Damit meinte er Geschichten, die er dazu erfunden hatte: darunter den Ritt auf der Kanonenkugel, die wohl berühmteste Münchhausen-Anekdote. Insgesamt kamen in der ersten und zweiten Auflage mehr als ein Dutzend neue Schnurren dazu. Und Bürger war ein viel zu fähiger Dichter, als dass er aus der englischen Vorlage nicht ein bedeutendes, eigenständiges Werk gemacht hätte. Mit der englischen und der deutschen Ausgabe wurden die Münchhausiaden in aller Welt bekannt. Seit mehr als zwei Jahrhunderten gehören die unter dem Namen des Barons veröffentlichten Bücher nun zu den Bestsellern (richtiger: Longsellern) dieser Erde, in mehr als 24 Sprachen veröffentlicht und Hunderten von Ausgaben verbreitet; selbst in Island und Japan hat der Lügenbaron Freunde, und alljährlich pilgern Tausende zum Münchhausen-Museum und den Münchhausen-Festspielen nach Bodenwerder.

„Der Ritt auf der Kanonenkugel …“

Als Münchhausen mitbekam, was da hinter seinem Rücken geschah, tobte er gewaltig – ja, er wollte prozessieren; er sah seinen guten Namen in den Schmutz gezogen und sich selbst als Aufschneider an den Pranger gestellt. Wenn wir diese humorlose Reaktion nicht verstehen, so müssen wir uns wieder das Zeitgefühl von damals vergegenwärtigen, vor allem den Ehrenkodex, dem sich besonders Offiziere und Adelige verpflichtet fühlten. Was wir heute als fantastische Geschichten schätzen und bewundern, darin sahen die Menschen damals großmäulige Lügen und im adeligen Rittmeister Münchhausen folgerichtig einen Prahlhans, den »Lügenbaron« eben. Zwar las und belächelte man die Anekdoten amüsiert, aber doch mit Verachtung; und Verachtung brachte man auch ihrem angeblichen Urheber entgegen. Selbst der kriminelle Raspe hatte es – ebenso wie Gottfried August Bürger – vermieden, seinen eigenen Namen mit den »Lügengeschichten« zu verbinden; kein Gelehrter, kein Dichter wollte offiziell etwas damit zu tun haben, das schmälerte das Ansehen. Und beide, Raspe wie Bürger, wussten auch, warum sie in ihren Büchern Münchhausen scheinheilig in den höchsten Tönen als Ehrenmann priesen: um seinen Zorn zu besänftigen.

„Selbst in Island und Japan hat der Lügenbaron Freunde …“

So endet die Geschichte – anders als die Geschichten des Barons – nicht mit Gelächter. Der alte Hieronymus von Münchhausen haderte mit dem Schicksal, fühlte sich von Schurken entehrt und grämte sich darüber bis zum Tode – nicht ahnend, dass ihn die Welt eines Tages bejubeln würde. Zu seinem Verdruss hatte noch etwas anderes beigetragen: Nach 46 glücklichen Ehejahren Witwer, kam er auf die unglückliche Idee, ein 17-jähriges Mädchen zu heiraten. Aber die lebenslustige Majorstochter dachte nicht daran, ihren fast 74-jährigen Ehemann zu umhegen und zu pflegen; sie lebte auf Münchhausens Kosten und unterhielt auch noch junge Liebhaber. Merkwürdige Parallele: Auch Gottfried August Bürger heiratete noch einmal. Seine dritte, nicht unvermögende Frau, über zwei Jahrzehnte jünger als er, setzte dem Dichter Hörner auf. Der betrogene Ehemann wurde verlassen und musste mit dem Spott seiner Zeitgenossen leben. Nicht allzu lange: Zwei Jahre später, 1794, starb Bürger 46-jährig an Schwindsucht.

Münchhausen hatte als weithin bekannter »Lügenbaron« bei seiner Scheidung einen schweren Stand. Der Prozess kostete Unsummen und brachte der Familie bis ins zweite und dritte Glied Schulden. Drei Jahre später tauchte Frau von Münchhausen im Ausland unter, und Hieronymus starb »doppelt verbittert« fast 77-jährig nach einem Schlaganfall – im selben Jahr, als im fernen Irland Rudolf Erich Raspe dem Fleckfieber erlag.

Amor, Tod und Teufel

Das Leben des Dichters Paul Verlaine schockierte die Pariser Gesellschaft

Von Ralph Kreuzer

»Die Franzosen«, sagte einmal Napoleon Bonaparte zum österreichischen Staatsmann Fürst von Metternich, »sind Leute von Geist; der Geist läuft in den Straßen umher – aber dahinter steckt gar kein Charakter, kein Prinzip und kein Wille. Sie laufen allem nach, sind zu lenken durch Eitelkeit und müssen wie Kinder immer nur ein Spielzeug haben.« Damit hatte er zumindest einen seiner späteren Landsleute treffend charakterisiert: den 23 Jahre nach Napoleons Tod geborenen Dichter Paul Verlaine. Dessen Leben als geistreicher »Antibürger« und Bohémien wiederum wurde von einigen Nachgeborenen derart romantisch verklärt, dass so manche traurige Wahrheit aus dem Blickfeld geriet. Denn der am 30. März 1844 in Metz geborene Sohn eines Hauptmanns im zweiten Pionier- oder wie man damals sagte: Genieregiment, verlebte eine wohl behütete und ausgesprochen bürgerliche Kindheit, nach der er sich sein ganzes Leben zurücksehnte. Nichts war er im Herzen weniger als das Enfant terrible, zu dem er sich später entwickelte.

Der Vater, Nicolas-Auguste Verlaine, ein Waterloo-Veteran, gibt – nachdem er eine reiche Erbin geheiratet hat – den Militärdienst auf und zieht mit Kind und Kegel nach Paris. Als er im Dezember 1865 stirbt, hinterlässt er dem 21-jährigen Paul genügend Geld für eine gesicherte Existenz. Die Mutter, Élisa-Stéphanie Dehée, gab sich die Jahre zuvor große Mühe, den Sohn nach allen Regeln der Kunst zu verhätscheln und zu verwöhnen, wobei ihr von Pauls Cousine Élisa tatkräftig unter die Arme gegriffen wurde. Einige Jahre im Pensionat verliehen dieser Erziehung noch den nötigen Schuss Aberwitz; der österreichische Schriftsteller Stefan Zweig (1881–1942) schreibt dazu in seiner Verlaine-Biografie von 1921: »... das Routinierte, Witzige, Leichtfertige und Schmutzige, das dann am Ende seines Lebens in den Versen durchbricht, ist Infektion jener Schlafsaalgemeinschaft von

1860.« Da fällt es später dem kleinen Prinzen nicht sonderlich schwer, als Schüler eine Karriere als trinkfreudiger Dandy und Lebemann einzuläuten.

Als der 18-Jährige am Lycée Bonaparte sein Abitur absolviert, hat er bereits reichlich Erfahrung mit der »grünen Fee«, wie das Fallbeil so mancher Künstlerexistenz dieser Tage zärtlich genannt wird: Absinth. In den Kaffeehäusern der Rue Soufflot findet er seine zweite Familie. Folgerichtig fällt er 1867 mit dem Tod seiner geliebten Cousine Élisa das erste Mal aus der Rolle; ein 48-stündiger Vollrausch erscheint ihm angemessen als Begleitung auf ihrem letzten Weg. Außerdem wird er zänkisch und prügelt sich herum, was ihm ernste Schwierigkeiten mit seiner Familie und seinen Vorgesetzten einträgt.

„Der 18-Jährige hat bereits reichlich Erfahrung mit der ‚grünen Fee': Absinth …"

Dabei hat bis dahin alles so rosig ausgesehen. In den frühen 60er-Jahren offenbart sich Pauls Talent für die Dichtkunst. Er befasst sich intensiv mit der zeitgenössischen Literatur; vor allem Charles Baudelaire, Théophile Gautier und Victor Hugo haben es ihm angetan. Noch aus der Schulzeit stammen die meisten seiner ›Poèmes Saturniens‹, der Saturnischen Gedichte, kleine, von Baudelaire und vom Dichterkreis der »Parnassiens« beeinflusste Geniestreiche. Die Zeitschrift ›Boulevard‹ lehnt zwar eine Veröffentlichung ab, aber dank eines Druckkostenbeitrags, den Cousine Élisa vorstreckt, erscheinen sie beim Verlag Lemerre und bescheren dem jungen Lyriker einen Achtungserfolg.

Er ist an der Universität für das Fach Jura eingeschrieben, entscheidet sich aber bald für eine Stelle als Schreiber in der Pariser Stadtverwaltung. Das ist nicht sonderlich anstrengend und lässt ihm genug Zeit für seine literarischen Interessen sowie für die Erkundung der Kaffeehäuser. Über seine Tätigkeit im Rathaus lernt er zudem erstmals einflussreiche Schriftsteller persönlich kennen, darunter Catulle Mendès, der wiederum viele zeitgenössische Dichter um sich schart. Bis 1869 gelingen Verlaine mehrere Veröffentlichungen, teils bei Poulet-Malassis in Brüssel, teils bei Lemerre. Vor allem die schlüpfrigen, unter dem Pseudonym ›Pablo de Herlañes‹ in Brüssel herausgegebenen ›Amies, scènes d'amour sapphique‹ (›Freundinnen, sapphische Liebesszenen‹) werden auf Ruhm versprechende Weise gewürdigt:

1868 ordnet ein Gericht in Lille die Beschlagnahme und Vernichtung dieser Ausgabe an. Der Verleger muss 500 Franc Strafe bezahlen.

In solchen Zeiten erfolgreicher Jugendblüte klopft auch mal die Liebe an: Verlaine hat beim Besuch seines Freundes und Musikers Charles de Sivry ein Auge auf dessen erst 16-jährige hübsche Halbschwester Mathilde Mauté de Fleurville geworfen, die er – ganz Poet – sogleich zur Göttin verklärt. Über deren Erwiderung seiner Liebesschwüre ist der junge Paul, dem Stefan Zweig die »Hässlichkeit eines Affen« attestiert, selbst so verwundert, dass er eine Zeit lang sogar das Trinken aufgibt, ganz brav und bieder bei den Eltern vorspricht und schließlich Verlobung feiert. In seinem gewaltigsten Jugendwerk, ›La bonne Chanson‹ (Das gute Lied), betet er die Geliebte an, sichtbar für jedermann und für alle Zeit. Möglicherweise ist seine – eingebildete oder tatsächliche – Hässlichkeit auch ein Grund für seinen Schreibstil, mit dem er die Wirklichkeit traumhaft in Symbole und Bilder kleidet. Symbolismus und Décadence, die großen und verwandten Stilrichtungen, sind – auch wenn er sich später dagegen wehrt, als Symbolist zu gelten – seiner Seele am zuträglichsten.

„Möglicherweise ist seine – eingebildete oder tatsächliche – Hässlichkeit auch ein Grund für seinen Schreibstil …“

Die gesamte von den Dichtern verachtete Gesellschaft in ihrer oberflächlichen Freundlichkeit und mit ihrem geschäftstüchtigen Realismus lässt sich lyrisch in Melodien, Idealen und Erinnerungen der Schönheit auflösen, ganz ähnlich den schwungvollen Verzierungen und Mustern der bildenden Künste des Jugendstils, die ja auch ihre eigene, zeitlose Welt verwirklichen: »Weich küsst die Zweige / der weiße Mond. / Ein Flüstern wohnt / im Laub, als neige, / als schweige sich der Hain zur Ruh: / Geliebte du.« Und in der dritten Strophe: »Die Weiten leuchten / Beruhigung. / Die Niederung / hebt bleich den feuchten / Schleier hin zum Himmelssaum: / o hin – o Traum – –« (Nachdichtung von Richard Dehmel). Ein knappes Jahr währt die holde Seligkeit, bis die »grüne Fee« wieder Einzug hält. Es kommt zu Tätlichkeiten des betrunkenen Verlaine gegenüber seiner Mutter, doch bleiben diese für ihn ohne rechtliche Konsequenzen. 1870 erntet er noch großes Lob mit ›La bonne Chanson‹.

Wie so viele Menschen seiner Zeit bekommt auch Verlaine die Nachwehen der »Naturgewalt« Bonaparte zu spüren. Als im Juli desselben Jahres Napoleon III. Preußen den Krieg erklärt, droht dem Dichter die Einberufung. Und während die Deutschen schon hinter Sedan stehen, einigt man sich auf eine baldige Hochzeit – warum auch in den Krieg ziehen? Am 11. August 1870 ist es dann so weit: Mathilde Mauté wird Frau Verlaine und ihr Mann bleibt vom Militärdienst verschont. Die Ehe steht jedoch unter einem unglücklichen Stern: Krisen, Alltagsprobleme, Alkoholexzesse und auch Handgreiflichkeiten gegenüber Mathilde hinterlassen bittere Spuren. Trotzdem wird im Jahr darauf ein Sohn, Georges, geboren. Und dieses Jahr ist für Paul Verlaine zweifellos das schicksalsträchtigste.

„Wie so viele Menschen seiner Zeit bekommt auch Verlaine die Nachwehen der ‚Naturgewalt' Bonaparte zu spüren …“

Im Januar 1871 wird Paris unter Beschuss genommen und im März marschieren die deutschen Truppen ein. Am 18. März ruft das Zentralkomitee der Nationalgarde zum Aufstand gegen die monarchistisch gesinnte Nationalversammlung und den Vorfrieden mit Deutschland auf. Verlaine, der sich zum neuen, demokratisch-sozialistischen Stadtparlament (der Pariser Kommune) bekennt, wird in dessen Pressebüro berufen. Mit der Niederlage der Kommune flüchtet er, kann jedoch im August zurückkehren. Und im September erreichen ihn schließlich zwei Briefe eines jungen Dichterkollegen aus der kleinen Provinzstadt Charleville-Mézières in den Ardennen, ein scheinbar banales Ereignis – das aber in der Folgezeit alles Dagewesene zunichte machen wird und Verlaines Leben ein für alle mal auf den Kopf stellt.

»Venez, chère grande âme, on vous attend, on vous désire.« (»Kommen Sie, liebe große Seele, Sie werden erwartet, Sie werden ersehnt.«) Mit diesen Worten antwortet Verlaine und lädt den noch unbekannten Arthur Rimbaud (1854–1891) zu sich nach Paris ein. Unvorstellbare Begeisterung für die beigelegten Gedichte, ohne Zweifel das Werk eines frühreifen Hochbegabten, hat ihn erfasst. Sogleich macht er sich auf, diese Werke seinen Freunden zu zeigen und sorgt – quasi über Nacht – dafür, dass Rimbaud bekannt wird. Und der kommt nach Paris, ein junger Faun, der sofort von Verlaine Besitz ergreift, als hätte es niemals einen Tag ohne ihn gegeben. Rimbaud ist ein Abenteurer, fessellos und stur bis ins Unerträgliche – mürrisch, lasziv, radikal, ekstatisch. Eigensüchtig und genial wickelt er Verlaine um den Finger und bringt es fertig, dass dieser sich mit ihm auf ein Liebesverhältnis einlässt. Tatsächlich sollte das Schicksal den Verführer später um die halbe Welt jagen. Sein dichterisches Lebenswerk hat Rimbaud bereits mit 19 Jahren vollendet, danach kommt nichts ernst zu nehmendes aus seiner Feder. Es versteht sich von selbst, dass Mathilde über diese Entwicklung der Dinge nicht sehr begeistert ist. Und Paul? Im Januar 1872 verprügelt er Frau und Kind und zieht mit seinem Dämon fort. Ein rastloses Wanderleben beginnt.

All seine Schwäche, sein Wankelmut, ja sogar seine Moral finden in Rimbaud ihren Gegenpol. Durch ihn lernt er, die Welt zu verachten, die ihn bis dahin so trefflich ernährt hat. Er ist entwurzelt und fühlt sich endlich befreit. Aber natürlich hat dieser wagemutigste aller Träume seinen Preis: Mit Rimbaud verprasst er in kürzester Zeit beinah das gesamte Erbe seines Vaters. Sie erobern die Landstraßen der Ardennen, wandern kreuz und quer durch Belgien und England. Sogar ein eigenes Wort – »mezzotinto« – kreiert Verlaine für jene »dämmrigen Zwischenreiche der Seele«, die sich eigentlich jeder Erklärung entziehen und doch so viel Gewalt über ihn erringen konnten.

„All seine Schwäche, sein Wankelmut, ja sogar seine Moral finden in Rimbaud ihren Gegenpol …“

Und endlich, im Herbst 72, wird er müde. In London pflegt er enge Kontakte mit den dort lebenden Emigranten der Kommune und gewinnt wieder so etwas wie Eigenständigkeit. Jetzt erfasst ihn plötzlich ein Heimweh, das er sich niemals eingestand, die Sehnsucht nach seiner Mutter, nach Mathilde und dem kleinen Georges. Als er im Dezember erkrankt, kommen ihn Frau und Mutter tatsächlich besuchen. Mathilde gibt sich allerdings reserviert; Paul solle sich bezüglich eines Neuanfangs keine Hoffnung machen. Rimbaud ist bereits im November für einige Zeit nach Paris und Charleville gereist, kehrt aber im Januar 1873 nach London zurück. Weil die Emigranten durch französische Beamte bespitzelt werden, reisen Verlaine und Rimbaud schließlich zwischen Brüssel und London hin und her.

Es ist Sommer geworden, Verlaine hat seinen Freund nach einem Streit für eine Weile verlassen und hält sich alleine in Brüssel auf. Er hat ein erneutes Treffen mit seiner Mutter arrangiert und erwartet durch sie eine Nachricht von seiner Frau. Aber Mathilde ist nicht mehr bereit, ihr Leben mit einem treulosen Vagabunden und Trinker zu teilen, und will sich scheiden lassen. Und so fällt Verlaine in eine tiefe Depression, die kurze Freiheit von seiner Liebesaffäre wird zum Gefängnis für sein Gemüt. Hilflos, verlassen und ohne Sinn erscheint ihm nun seine Existenz. Er schickt ein Telegramm an Rimbaud und bittet um ein Wiedersehen in Brüssel.

Als sein jugendlicher Abgott endlich eintrifft, ist Verlaine bereits betrunken. Und was tut Rimbaud? Er verlangt Geld von seinem Freund. Dazu Stefan Zweig: »Und wie nun Rimbaud (…) Geld fordert, mit harter Faust auf den Tisch hämmert, Geld, Geld, Geld fordert, da packt Verlaine plötzlich eine trunkene Wut, er reißt den Revolver aus der Tasche und schießt zweimal auf Rimbaud, den er nur leicht verletzt …« Verlaine rennt dem flüchtenden Freund, der um Hilfe schreit, auf die Straße hinterher, er ist voll Reue und will sich entschuldigen, aber draußen wartet schon die belgische Polizei. Und so wird der berühmteste französische Dichter seiner Zeit schließlich zu zwei Jahren Freiheitsentzug verurteilt sowie zu einer Geldstrafe von 200 Franc.

„Und so wird der berühmteste französische Dichter seiner Zeit zu zwei Jahren Freiheitsentzug verurteilt …“

Im Gefängnis der kleinen belgischen Stadt Mons, in das man Verlaine am 25. Oktober 1873 überführt, geht eine innere Wandlung vor sich. Die nicht ganz freiwillige Abwesenheit seiner »grünen Fee« und der ständige Kontakt mit dem Seelsorger führen ihn wieder an den Glauben heran. Im November erscheinen auch die ersten seiner viel beachteten ›Romances sans paroles‹ (›Lieder ohne Worte‹), doch noch immer leidet er unter Depressionen – ist doch im April 74 die Scheidung von Mathilde beschlossene Sache. Gegen Ende dieses Jahres bekennt er sich dann zum Katholizismus. Unter Kennern gelten die teilweise im Gefängnis entstandenen ›Romances‹ sowie der 1881 veröffentlichte Zyklus ›Sagesse‹ (›Weisheit‹) als Höhepunkte seines Schaffens. Nicht ohne Grund bezeichnet er später die Zeit seiner Inhaftierung als »magisches Schloss«, in der seine »Seele gestaltet ward« und in der er in zumindest zeitweiliger Gottesliebe zum ersten Mal so etwas wie eine geistige Stütze findet.

Seine Mutter – und sonst nur grenzenlose Leere – erwartet ihn schließlich bei seiner Entlassung am 16. Januar 1875. Er wird zudem aus Belgien ausgewiesen. Schon bald ergibt er sich wieder der Trunksucht, und, schlimmer noch, er besucht den in Stuttgart als Lehrer weilenden Rimbaud, der für den einstigen Freund nur noch Spott übrig hat. – »Allons enfants de la Patrie!« Wieder geraten sie aneinander, schlagen betrunken mit Stöcken aufeinander ein, und als Rimbaud den bewusstlosen Verlaine am Neckarufer zurücklässt, ist die Trennung endgültig. Schließlich geht Verlaine nach einem kurzen Aufenthalt in Paris als Sprach- und Zeichenlehrer nach London und Stickney in Lincolnshire, wo er auch wieder die Muße findet, Gedichte zu schreiben.

„Gegen Ende dieses Jahres bekennt er sich dann zum Katholizismus …“

Die Zeit als Professor am College Saint-Aloysius von Bournemouth verlebt Verlaine in relativer Ruhe und kehrt dann nach Frankreich zurück. Dort lehrt er von 1877 bis 1879 an der Institution Notre-Dame von Rethel in der Champagne. Bis 1882 lebt er mit seinem Freund und Schüler Lucien Létinois auf einem Bauernhof im schönen Juniville in den Ardennen. Letztlich zieht es die unstete Seele aber doch wieder nach Paris, wo man an alte Kontakte und Dichterkreise anknüpft. Er bemüht sich erneut um eine Stelle bei der Stadtverwaltung, doch das scheitert wohl an der fragwürdigen Seite seines Ruhms.

Das traurige Finale indes bleibt nicht aus. Immerhin zählt sich Verlaine selbst zu den »Poètes maudits«, den »verfemten Dichtern« (im August 1883 veröffentlicht er die dazu gehörende Sammlung von Gedichten). Einsam und ohne Halt erscheint ihm sein letztes Lebensjahrzehnt, nur mit Branntwein und Absinth erträglich; keine Spur mehr von der Frömmigkeit seiner Gefängnisjahre in Mons. Im Gegenteil, das Feuer in seiner verwundeten Seele gerät bis 1885 zum Flächenbrand. So kommt es zum eigentlich Undenkbaren: Im Vollrausch greift er die mittlerweile 75-jährige Mutter an. Für den missglückten Totschlagversuch erhält er, neben einer Geldstrafe von 500 Franc, einen Monat Gefängnis im Ardennenstädtchen Vouziers – wegen »Gewalttätigkeit und Bedrohung«. Von seiner Mutter hat er also auch keinen Halt mehr zu erwarten. Dabei hatte sie ihm noch ein Landgut gekauft, um gemeinsam mit ihm einen ruhigen Lebensabend zu verbringen. Im Januar 1886 verliert sie schließlich ihren Lebensmut und stirbt.

Verlaine, bankrott und von gelegentlichen Zahlungen seiner Verleger abhängig, verbringt nun seine Tage in den Kneipen des Quartier latin, oft umschwirrt von neugierigen Reportern, Literaturstudenten und einem Heer von Schmarotzern, denen er für einen Schnaps seine Geschichten erzählt. Er flüchtet sich in die Arme zweier Frauen, die es wechselseitig verstehen, ihm den letzten Sous aus der Tasche zu ziehen. Da ist zum einen die Prostituierte Marie Gambier, die er in einem Gedicht als »Princesse Roukine« bezeichnet, und dann die umtriebige Eugénie Krantz, mit der er in der Rue Descartes zeitweilig zusammenwohnt. Sie führt ein Regiment über ihn wie eine bösartige Zirkusdirektorin. Zu all seinem Elend gesellt sich noch eine ernste Erkrankung, wahrscheinlich Syphilis, die er in monatelangen Hospitalaufenthalten erfolglos zu kurieren sucht. Und was für seltsame Werke entstehen in dieser Zeit! Mit den Gedichtzyklen ›Hombres‹ und ›Femmes‹ schreibt er schlicht Pornografie, an deren Verkauf nur unter der Hand zu denken ist.

„Verlaine, bankrott und von gelegentlichen Zahlungen seiner Verleger abhängig, verbringt nun seine Tage in den Kneipen des Quartier latin …“

Neben der Freundschaft mit dem Maler Frédéric Auguste Cazals (1865–1941) gibt es aber einen letzten Höhepunkt: Wird er doch im Oktober 1894 auf einem Kongress bekannter zeitgenössischer Schriftsteller mit großer Mehrheit zum »prince des poètes« gewählt. Dennoch bleibt ihm ein Sitz in der ehrenvollen Académie française verwehrt, um den er sich bereits im August des vorangegangenen Jahres bewarb.

Armer Paul Verlaine! Sein Genie durchbricht bei jeder Gelegenheit die Grenzen der gemeinen »Anständigkeit« – während doch sein Charakter sich für alle Zeit in die Wiege jener mütterlichen Geborgenheit zurücksehnt, die man als »gutbürgerlich« bezeichnet. Mit diesem Zwiespalt im Herzen stirbt das »Kind« Verlaine, stets willenlos und leicht zu beeinflussen, am 8. Januar 1896 »wie ein Strolch auf einem Hurenbett« – so Stefan Zweig.

»Es gibt Menschen einer bestimmten Epoche, und es gibt Epochen, die sich in Menschen verkörpern. (Nicht Bonaparte ist das 19. Jahrhundert: das 19. Jahrhundert ist Bonaparte!)« Mit dieser Erkenntnis der russischen Lyrikerin Marina Zwetajewa (1892–1941) kehren wir zu den Anfängen zurück. Sollte sie sich – retrospektiv – nicht auch für ihren französischen Kollegen Paul Verlaine bewahrheiten? Nicht zuletzt konnte er seine Liebesbeziehungen zu Rimbaud und Létinois deshalb öffentlich ausleben, weil Europa unter dem Einfluss des napoleonischen Code civil liberaler zu denken gelernt hatte. Und Verlaine selbst prägte mit seinen Werken ganze Künstlergenerationen; sogar Bob Dylan griff in seinen »Visions of Johanna« noch 1966 auf »La bonne Chanson« zurück.

„Sein Genie durchbricht bei jeder Gelegenheit die Grenzen der gemeinen ‚Anständigkeit' …"

Der Fall »Geli Raubal«

Das tragische Leben und Sterben von Adolf Hitlers Nichte

Von Anna Maria Sigmund

Keine der Frauen im Dunstkreis der NS-Elite hat die Fantasie der Nachwelt so entzündet wie Hitlers Nichte. Unermüdlich deuten Historiker, Publizisten und Psychologen, unterstützt von den Memoiren vieler Parteimitglieder, den Fall Raubal. Die meisten Spekulationen sind eng mit Hitlers Sexualleben verknüpft. War Geli Hitlers Geliebte? War es Selbstmord oder doch Mord?

Angela »Geli« Maria Raubal wurde am 4. Juni 1908 in Linz geboren, wenige Monate nachdem der 20-jährige Hitler nach Wien zog, um sich erneut für die Aufnahmeprüfung an der Kunstakademie vorzubereiten. Sie war die Tochter von Adolf Hitlers Halbschwester Angela. Ihre Kindheit und Jugend verbrachte das Mädchen in einem kleinen oberösterreichischen Dorf, in Wien und in Linz. Die Familie Hitler-Raubal legte – wie bei Hitler – auf eine gediegene Ausbildung größten Wert. Dies geht auch aus der wahren Schulodyssee hervor, zu der man Geli nötigte. Klassen-, Schul- und Lehrerwechsel waren an der Tagesordnung. Schließlich schickte man das Mädchen in das renommierte Akademische Gymnasium in Linz. Den Mitschülern gefiel ihr »nettes Wesen« und ihr couragiertes Auftreten.

Die nationalsozialistische Partei und Adolf Hitler waren auch den Linzer Gymnasiasten zum Begriff geworden. So lauschten die Mitschüler neugierig, wenn Geli erzählte, wie sie mit Mutter und Bruder Leo den in Landsberg inhaftierten Onkel besucht hatte. Als das Mädchen aber damit prahlte, dass ihr Onkel Adi – er bewohnte damals selbst ein kleines Untermietzimmer – ihr eine Villa in München geschenkt habe, kamen gelinde Zweifel auf. Sie war nämlich ab der 6. Klasse wegen Bedürftigkeit von der Zahlung des Schulgeldes befreit worden. Im Gegensatz zu ihrem Bruder, der die Lehrerbildungsanstalt absolvierte und ein überzeugter Sozialdemokrat war und blieb, interessierte sich Geli nicht für Politik und hatte zu Hitlers politischen Ambitionen keine eigene Meinung. Es störte sie auch nicht, wenn Alfred Maleta, ein Jugendfreund, über die NSDAP schimpfte: »Groteskerweise war ich es, der ihr stundenlang Vorträge über Hitlers Theorien und seine politische Bewegung hielt ... Aber ich glaube, dass sie als apolitische Frau das überhaupt nicht mitbekam. Für sie war Hitler einfach nur der liebe Onkel Adi und nur zufällig ein großer Politiker.«

Gelis Geschichtslehrer war Hermann Foppa, ein Politiker und Parteiobmann der »Großdeutschen Volkspartei«, die für den Anschluss Österreichs an Deutschland plädierte. Ihre Klasse, die 8a, plante zum Ende der Gymnasialzeit eine Abiturfahrt. Foppa schlug eine Reise nach München vor. Man würde diesen interessanten Hitler kennen lernen und die Stadt besichtigen. Ob Frl. Raubal wohl ein Treffen der 8a mit ihrem Onkel arrangieren könne? Foppa bereitete seine Klasse mit einschlägiger Literatur auf die zu erwartenden Diskussionen vor. Man las ›Mein Kampf‹, den ›Mythos des 20. Jahrhunderts‹, aber auch die Ostara-Hefte des Lanz von Liebenfels. Geli Raubal schloss am 24. Juni 1927 als eines der ersten Mädchen am Linzer Akademischen Gymnasium mit der Matura, dem Abitur, ab. Von drei Themen, die ihr in Deutsch zur Auswahl standen, wählte sie: »Drei Gnaden gab uns Gott in dieser Welt der Not: Ideal, Liebe und Tod.

„Geli interessierte sich nicht für Politik und hatte zu Hitlers politischen Ambitionen keine eigene Meinung ...“

Nach Hitlers Zusage fuhr die ganze Klasse für acht Tage nach München. Während die Mitschüler in diversen Pensionen einquartiert wurden, wohnte Geli im feudalen Stadtpalais der Familie Bruckmann. Dort trafen die Schüler bei einem Nachmittagstee Hitler und seine Mitarbeiter. Ersterer erschien in voller NS-Montur in Braunhemd, Reithosen und Knobelbechern. Die Klasse stand in Reih und Glied vor ihm und er begrüßte jeden Einzelnen mit festem Händedruck und stechendem Blick. Dann dozierte er mit dröhnender Stimme und die jungen Leute lauschten hingerissen. Als man sich verabschiedete, prophezeite der Geschichtslehrer seinen Schülern – er wurde nach dem »Anschluss« Österreichs Gauschulinspektor –, dass dieser Mann auch ihre Zukunft nach seinen Vorstellungen gestalten werde, ob es ihnen passe oder nicht.

Im Herbst 1927 zog Geli dann nach München, wo sie sich für Medizin immatrikulierte. Geli betrieb das Studium nicht ernsthaft, es diente vielmehr als Vorwand, dem Mann ihrer Wahl nahe zu sein. Er hieß Emil Maurice und Geli kannte ihn als Chauffeur und Begleiter ihres Onkels schon seit Jahren. Im Sommer 1926 war aus der Freundschaft dann Liebe geworden. Emil Maurice (1897–1979) stammte aus einer in Schleswig-Holstein ansässigen Familie französischen Ursprungs. Der gelernte Uhrmacher gründete mit anderen die »Turn- und Sportabteilung« (die spätere SA) und zählte zum innersten Kreis der NSDAP. Vor allem jedoch genoss »Maurisl«, wie Hitler ihn jovial zu nennen pflegte, die besondere Zuneigung seines großen Vorbilds. Man duzte einander sogar, was bei der Distanziertheit des »Führers« als besonderes Privileg galt. Mit Recht konnte sich Emil Maurice in den zwanziger Jahren damit brüsten, Hitlers bester Freund zu sein.

» Er hieß Emil Maurice, und Geli kannte ihn als Chauffeur und Begleiter ihres Onkels schon seit Jahren … «

Nicht einmal das immer wieder aufkeimende Gerücht, dass der dunkelhaarige »Maurisl« jüdische Ahnen habe, konnte die Freundschaft trüben. Der attraktive Maurice mit seinem Bärtchen und dem romantischen Blick war stets dabei, wenn der Onkel mit Geli im offenen Mercedes zum Baden an den Chiemsee fuhr. Geli saß dann mit Hitlers Sekretärin und Henriette Hoffmann, der Tochter des Parteifotografen, auf dem Rücksitz. »Maurice holte seine Gitarre aus dem Kofferraum und sang irische Volkslieder… wir Mädchen entfernten uns zu einem hinter Büschen versteckten Badeplatz… wir schwammen nackt und ließen uns von der Sonne trocknen. Einmal setzte sich ein Schwarm von Schmetterlingen auf die nackte Geli …«, schilderte Henriette das Picknick-Idyll. Maurice verliebte sich damals in Hitlers Nichte und sie erwiderte die Gefühle des jungen Mannes. Noch Jahre später hat Maurice von ihr geschwärmt: »Sie war eine Prinzessin, nach der sich die Leute auf der Straße umdrehten … ihre großen Augen waren Gedichte… sie hatte wunderschönes, schwarzes Haar, auf das sie sehr stolz war.«

Hitler ahnte nichts von den Absichten des Maurice. Doch weil er gern den Ehestifter spielte, löcherte Hitler auch »Maurisl« mit Fragen, wann er endlich zu heiraten gedenke. In der irrigen Annahme, dass er ermuntert werden sollte, handelte der treue Parteigenosse: »Ich folgte seinem Wunsch und bat Geli – nur sie kam für mich in Frage – meine Frau zu werden... und sie nahm freudig an.« Dann ersuchte er den Onkel um die Hand seiner Nichte. Eine fürchterliche Szene folgte. Hitler überschüttete den verblüfften Maurice mit Vorwürfen und bedrohte ihn. Am 24. Dezember 1927 schrieb Geli ihrem Freund:

»Mein lieber Emil!

Drei Briefe hat mir der Postbote von Dir schon gebracht, aber noch nie habe ich mich so gefreut wie über den letzten. Vielleicht ist darin der Grund zu sehen, dass wir in den letzten Tagen so viel Leid erlebt haben... Über eines müssen wir uns klar werden. Onkel Adolf verlangt, dass wir zwei Jahre warten. Bedenke, Emil, zwei volle Jahre, in denen wir uns nur hie und da küssen dürfen und immer unter der Obhut O. A. Du musst arbeiten, um für uns beide eine Existenz zu schaffen, und dabei dürfen wir beide uns nur in Gegenwart anderer sehen und ich kann Dir... nur meine Liebe geben und Dir bedingungslos treu sein... Ich hab Dich ja so unendlich lieb! ... Onkel Adolf verlangt, ich solle weiterstudieren... Onkel A. ist jetzt furchtbar nett. Ich möchte ihm gerne eine große Freude machen... Onkel A. sagt aber, unsere Liebe muss vollkommen geheim sein... Lieber, lieber Emil, ich bin ja so glücklich, dass ich bei Dir bleiben kann. Wir werden uns ja oft sehen und auch oft allein, hat mir Onkel A. versprochen. Er ist ja goldig. Stell Dir nur vor, wenn ich jetzt in Wien sitzen würde. Ich hätte nie von Dir auf lange Zeit fortkönnen.«

»Onkel A. sagt aber, unsere Liebe muss vollkommen geheim sein ...«

Der Brief gewährt interessante Einblicke in die Psyche Hitlers und revidiert das bestehende Klischee vom Liebesverhältnis zwischen Hitler und seiner Stiefnichte. Geli war demnach 1927 keineswegs in ihren Onkel verliebt, sondern hoffte, Emil Maurice zu heiraten. Hitler jedoch, dem die Nichte anvertraut war, spielte die Rolle eines strengen Vormunds. Während die Mutter des Mädchens nicht in Erscheinung trat, bestimmte er in autoritärer Weise die Zukunft der 19-Jährigen und ihres fast zehn Jahre älteren Freundes. Auf die Idee, dem Diktat Hitlers zu trotzen und das Schicksal in die eigenen Hände zu nehmen, kamen weder Geli noch Emil Maurice. Nach langen Auseinandersetzungen beugten sie sich dem Wunsch von O. A. und akzeptierten seine Bedingungen – Hitlers Persönlichkeit beherrschte und manipulierte seine Verwandten ebenso wie seine Parteianhänger. Die Taktik des Onkels zielte auf eine rasche Beendigung der unerwünschten Affäre hin. Ende 1927 kündigte er Emil Maurice als Chauffeur, entzog ihm alle Parteiämter und verbannte ihn aus seiner Umgebung. Maurice gewann den Eindruck, dass sich Hitler selbst in die Nichte verliebt hatte und Eifersucht die Triebfeder seiner Handlungen war.

Doch kam es wegen Maurice nicht zum Bruch zwischen Hitler und seiner Nichte. Diese avancierte vielmehr Anfang 1928 zur ständigen Begleiterin ihres Onkels. Sie kam zum abendlichen Stammtisch ins Café Heck und wurde nicht – wie bei der NSDAP üblich – ausgeschlossen, wenn Hitler Parteiangelegenheiten erörterte. Besonders oft verkehrten Onkel und Nichte im Stammlokal der NS-Spitze, der »Osteria Bavaria«. Der Kreis um Hitler empfand Gelis österreichischen Dialekt als äußerst liebenswert und pries sie als Schönheit. »War Geli am Tisch, drehte sich alles um sie, und Hitler versuchte niemals, das Gespräch an sich zu reißen. Geli war eine Zauberin«, erzählte Heinrich Hoffmann. Auch Joseph Goebbels lernte Geli in München kennen: »Gestern traf ich Hitler, er lud mich gleich zum Abendessen, eine liebliche junge Dame war dabei.«

„Besonders oft verkehrten Onkel und Nichte im Stammlokal der NS-Spitze, der ‚Osteria Bavaria' …“

Der Onkel verlor seine Nichte ungern aus den Augen, begleitete Geli bei Einkäufen und folgte ihr gar in einen Hutladen, um geduldig zuzusehen, wie sie alle Hüte ausprobierte und sich dann für eine Baskenmütze entschied. Im Sommer 1928 ist von Emil Maurice offiziell keine Rede mehr. Im Privaten war die Raubal-Maurice-Affäre jedoch noch nicht ausgestanden. Die braune Gerüchtebörse florierte, und Goebbels notierte sich nach einem vertraulichen Gespräch mit dem späteren Gauleiter Karl Kaufmann, dass man sich »wahnwitzige Dinge« über Hitler und sein Verhältnis zu Geli erzähle.

Der ruhige, aber dennoch energische Maurice war Hitlers Intrigen nicht gewachsen und resignierte schließlich. Seine fristlose Entlassung nahm er jedoch nicht hin. Vielmehr klagte er gegen seinen Arbeitgeber, die NSDAP, und erstritt sich vor dem Gericht eine Abfindung. Später machte sich der Uhrmacher selbstständig und handelte mit Elektrogeräten. Danach schweigen die Quellen, so weit sie Geli Raubal und Emil Maurice betreffen – Onkel Adolf hatte gesiegt. Zur Frage, warum Adolf Hitler die Heirat seiner Stiefnichte mit seinem geschätzten Duz-Freund vereitelte, haben sich Zeitzeugen aus Hitlers Umgebung geäußert. »Er wollte verhindern, dass sie einem Unwürdigen in die Hände fällt«, beobachtete Heinrich Hoffmann. »Es war etwas wie Vaterliebe«, bemerkte Anni Winter, Hitlers Haushälterin. Emil Maurice, der es wahrscheinlich am besten wusste, gab nach langen Jahren des Schweigens an: »Er liebte sie, aber es war eine seltsame, uneingestandene Liebe!«

Nach dem Abbruch des Medizinstudiums entschloss sich Geli 1929, ihre Stimme für die Bühne ausbilden zulassen. Onkel Adolf engagierte daraufhin den Kapellmeister Adolf Vogel sowie Hans Streck, die dem Mädchen privaten Gesangsunterricht erteilten. Ansonsten überließ sich Geli dem Müßiggang. »Friseur, Kleider, Tanzen und Theater kann sie von jeder ernsteren Beschäftigung abbringen. Nur Zeitschriften und Romane liest sie noch gerne. Und dabei kann Geli in 12 Zeitschriften und Zeitungen gleichzeitig die Fortsetzungsromane lesen«, so charakterisierte Hitler die Lebensgewohnheiten seiner Nichte.

„Nach dem Abbruch des Medizinstudiums entschloss sich Geli 1929, ihre Stimme für die Bühne ausbilden zu lassen … “

Hitler lebte bereits in komfortablen Verhältnissen. ›Mein Kampf‹ hatte sich zum Bestseller entwickelt und brachte hohe Tantiemen, die Anhänger der NSDAP rissen sich darum, ihrem »Führer« jeden Wunsch zu erfüllen. Er verfügte über ein Auto samt Chauffeur, einen Privatsekretär und einen Leibwächter. Ende 1929 zog Hitler mit finanzieller Hilfe eines Bewunderers, des reichen Verlegers Hugo Bruckmann, in eine standesgemäße Wohnung um. Sie lag im 2. Stock des repräsentativen Hauses Nr. 16 am Prinzregentenplatz und verfügte über zwei getrennte Zimmerfluchten mit insgesamt neun Räumen. Am 5. Oktober 1929 kündigte auch Geli ihr Zimmer in der Pension Klein und wohnte fortan als Untermieterin bei ihrem Onkel. Das schönste Eckzimmer von Hitlers Wohnung wurde nach ihren Wünschen eingerichtet: Sie wählte antike Salzburger Bauernmöbel, die sie mit hellgrünen Tapeten kombinierte, um die Wirkung des Mobiliars zu erhöhen. Nach Maurice bekam Geli – zumindest in München – keine Gelegenheit mehr, unerwünschte Bindungen mit Männern einzugehen. Sie dürfte aber häufig nach Wien gefahren sein, wo sie Freundinnen hatte und sich dem Einfluss des Onkels entziehen konnte.

Das eigenartige Onkel-Nichte-Verhältnis blieb nicht verborgen. »Geli Raubal, sagten die alten Gefährten, habe er immer geliebt«, so Albert Speer über kursierende Gerüchte. Onkel und Nichte besuchten in München gemeinsam jede Opernaufführung. »Der Chef ist da mit seiner schönen Nichte, in die man sich fast verlieben möchte«, schwärmte Goebbels, der mit Geli und Hitler im Juli 1930 auch die Passionsspiele in Oberammergau besuchte.

1931 war ein turbulentes Jahr für die NSDAP, deren politische Agitation damals dem Höhepunkt zustrebte. So wurden von den 4000 politischen Versammlungen in Hessen-Nassau allein 2000 von den Nationalsozialisten abgehalten. Hitler hastete von einem Termin zum anderen. Auch am Freitag, dem 18. September 1931 brach er mit Heinrich Hoffmann und seinem Fahrer Julius Schreck knapp vor 15 Uhr zu Parteiveranstaltungen nach Norddeutschland auf. Ein Wetterwechsel stand bevor, es herrschte Föhn. Sie fuhren bis Nürnberg und übernachteten im »Deutschen Hof«. Am 19. verließen sie die Stadt in Richtung Bayreuth, als sie ein Taxi mit einem aufgeregten Hotelangestellten einholte. Hitler möge in München anrufen. Es sei äußerst wichtig. Am Telefon erfuhr Hitler, dass seiner Nichte ein Unglück zugestoßen sei. Auf der Rückfahrt nach München trieb Hitler seinen Chauffeur zu höchster Eile an. Als Hitler am Nachmittag am Prinzregentenplatz eintraf, war seine Nichte längst tot. Kriminaloberkommissar Sauer und Kriminalkommissar Forster wurden mit den Untersuchungen betraut. Auch der Polizeiarzt Dr. Müller kam in Hitlers Wohnung, nachdem Georg Winter, der Mann der Haushälterin und Hausverwalter, am 19. September um 10.15 Uhr telefonisch die Polizei alarmiert hatte. Die Beamten befragten das verschwiegene Personal und erhielten gleichlautende Aussagen.

„Das eigenartige Onkel-Nichte-Verhältnis blieb nicht verborgen …“

Winter gab zu Protokoll: »Heute früh um 9.30 Uhr verständigte mich meine Frau, dass mit Raubal etwas vorgefallen sein müsse, weil ihre Zimmertüre abgesperrt und die Pistole Hitlers, welche im Nebenzimmer in einem offenen Schranke verwahrt war, nicht mehr da wäre. Ich klopfte daher wiederholt an der Zimmertüre, bekam aber keine Antwort. Als mir die Sache verdächtig vorkam, öffnete ich um 10 Uhr mit einem Schraubenzieher gewaltsam die geschlossene, zweiflügelige Türe. Diese war von innen verschlossen und der Schlüssel steckte noch im Schlüsselloch… Als ich die Tür geöffnet hatte, trat ich in das Zimmer und fand Raubal am Boden liegend als Leiche vor. Sie hatte sich erschossen. Irgend einen Grund, warum sie sich erschossen hat, kann ich nicht angeben.«

Weiter heißt es im Polizeibericht: »Die Leiche lag in dem Zimmer, das nur einen Eingang und Fenster auf den Prinzregentenplatz hat, mit dem Gesicht auf dem Boden vor dem Sofa auf dem sich eine Waltherpistole 6,35 mm befand. PolArzt Dr. Müller stellte fest, dass der Tod durch einen Lungenschuss, und zwar der Totenstarre nach schon vor mehreren Stunden, eingetreten war. Es handelte sich um einen Nahschuss, der im Ausschnitt des Kleides unmittelbar auf der Haut angesetzt und oberhalb des jedenfalls nicht getroffenen Herzens eingedrungen war; das Geschoss war nicht aus dem Körper ausgetreten, aber auf der linken Rückenseite etwas über Hüfthöhe unter der Haut fühlbar.« Laut Dr. Müller hat Geli am 18. September um ca. 17 Uhr ihrem Leben ein Ende gesetzt. Weil das Geschoss ihr Herz verfehlt hat, muss ihr Tod sehr schmerzhaft gewesen sein. Hilflos auf dem Gesicht liegend, erstickte sie. Die Polizei fand im Zimmer keinen Abschiedsbrief, nur ein angefangener Brief an eine Wiener Freundin fand sich, »in dem gar nichts von Lebensüberdruss enthalten war«. Am 19. September gegen 15 Uhr ließ Hitler der Polizeidirektion ausrichten, dass er in der Wohnung zu sprechen sei. Kommissar Sauer erschien gegen 15.30 Uhr und notierte folgende Aussage:

»Das Geschoss war nicht aus dem Körper ausgetreten, aber auf der linken Rückenseite etwas über Hüfthöhe unter der Haut fühlbar …«

Seine Nichte sei zuerst Studentin der Medizin gewesen, habe aber daran keinen Gcfallen gefunden und sich dem Gesangsstudium zugewandt. Sie habe nun bald einmal auftreten sollen, sich aber dem nicht gewachsen gefühlt und deshalb bei einem Professor in Wien noch weitere Studien machen wollen. Er habe sich damit einverstanden erklärt unter der Voraussetzung, dass ihre Mutter mit nach Wien ginge, und als sie das nicht wollte, habe er sich gegen den Wiener Plan ausgesprochen. Sie sei darüber wohl ungehalten gewesen, habe sich aber nicht besonders aufgeregt gezeigt und sich auch bei seiner Abfahrt am Freitagnachmittag ruhig von ihm verabschiedet. Sie habe früher, nachdem sie in einer Gesellschaft an Tischrücken teilgenommen hatte, geäußert, sie werde keines natürlichen Todes sterben.

> **„Am 19. September gegen 15 Uhr ließ Hitler der Polizeidirektion ausrichten, dass er in der Wohnung zu sprechen sei … “**

Nach dem Befund des Polizeiarztes lag eindeutig ein Fall von Selbstmord vor. Eine gerichtliche Autopsie der Leiche fand nicht statt. Schon am 21. September 1931 gab die Staatsanwaltschaft München die Leiche zur Bestattung frei. Am selben Tag stand dann in den ›Münchner Neuesten Nachrichten‹: Selbstmorde. – Der Polizeibericht meldet: In einer Wohnung in Bogenhausen hat eine 23 Jahre alte Privatstudierende Selbstmord begangen. Das unglückliche Mädchen – Angela Raubal – war die Tochter der Stiefschwester Adolf Hitlers… über die Beweggründe ist vorerst keine volle Klarheit zu erlangen …«

Die den Nationalsozialisten feindlich gesinnte sozialdemokratische Zeitung ›Münchner Post‹ wusste mehr. Unter dem Titel »Eine rätselhafte Affäre: Selbstmord von Hitlers Nichte« war zu lesen: »Am Freitag, den 18. September, gab es wiederum einen heftigen Streit zwischen Herrn Hitler und seiner Nichte. Was war der Grund? Die lebhafte 23-jährige Musikstudentin Geli wollte nach Wien fahren. Sie wollte sich verloben. Hitler war strengstens dagegen. Die beiden hatten ständige Auseinandersetzungen darüber. Nach einer heftigen Szene verließ Hitler seine Wohnung… Am Samstag wurde berichtet, dass Fräulein Geli erschossen in der Wohnung aufgefunden wurde. Sie hatte Hitlers Pistole in der Hand… Die Nase der Toten war gebrochen… und die Leiche wies andere schwere Verletzungen auf… Herren aus dem Braunen Haus [Parteizentrale der NSDAP] konferierten, was über das Motiv der Tat publiziert werden sollte. Sie kamen überein, dass Gelis Tod als Resultat ihrer frustrierten künstlerischen Hoffnungen hingestellt werden sollte.«

Daraufhin veranlasste die Staatsanwaltschaft Dr. Müller zur Präzisierung seines Befundes: »Im Gesicht, besonders an der Nase waren keine Verletzungen, verbunden mit irgendwelcher Blutung feststellbar. Im Gesicht fanden sich lediglich ausgeprägte dunkel-livide Totenflecke, die davon herrührten, dass Raubal mit dem Gesicht zu Boden verschied und in dieser Lage 17–18 Stunden liegen blieb. Dass die Nasenspitze leicht platt gedrückt war, ist lediglich eine Folge des stundenlangen Aufliegens des Gesichts am Boden. Die intensive Verfärbung der Totenflecke im Gesicht ist wohl darauf zurückzuführen, dass durch den Lungenschuss der Tod vorwiegend durch Erstickung eintrat.« Hitler verlangte von der ›Münchner Post‹ eine Richtigstellung, die auch veröffentlicht wurde.

„Dass die Nasenspitze leicht platt gedrückt war, ist lediglich eine Folge des stundenlangen Aufliegens am Boden …“

Obwohl die Polizei Fremdverschulden ausschloss, entstanden jene Klatsch-Versionen, die an den Stammtischen, aber auch in Geschichtsbüchern immer wieder aufgewärmt wurden: Hitler als Mörder in einem Wutanfall, SS-Himmler als Mörder, der eine für die Partei brenzelige Situation bereinigte, Geli als geschwängerte, wahlweise von Hitler, einem jüdischen Musiklehrer oder einem Linzer Kunstmaler; Geli als Verzweifelte, Variation eins: das Opfer Hitlerscher Perversitäten, Variation zwei: vor Eifersucht auf Eva Braun rasend. Variation drei: Geli als Misshandelte mit gebrochenem Nasenbein und schweren Verletzungen. All diese Gerüchte verbindet nur eines: der Mangel an Beweisen.

Die rasche Freigabe der Leiche erweckte 1931 – zu Recht oder Unrecht – den Eindruck, dass eine Vertuschungsaktion im Gange sei. Wie die Parteifreunde berichteten, zeigte Hitler nach Gelis Selbstmord »tiefe Betroffenheit«. In der Niederschrift von Kommissar Sauer stellt sich das anders dar: »Er äußerte sich, dass ihm ihr Ableben sehr nahe gehe, sei sie doch die einzige ihm nahe stehende Verwandte gewesen, die er um sich hatte, und nun müsse das ›ihm‹ passieren.« Hitler hat unmittelbar nach der Tragödie also kein Mitleid mit der Toten gezeigt, sondern nur an sich und die Auswirkungen auf seine Karriere gedacht. Hitler zog sich nach Gelis Tod auch nicht »wochenlang« zurück, sondern wohnte vom 19. bis 23. September im Haus eines Freundes, da er am Schauplatz der Tragödie nicht übernachten wollte.

Die Mutter, Angela Raubal, ließ die Leiche Gelis nach Wien überführen. Das Begräbnis fand am Nachmittag des 23. September 1931 am Wiener Zentralfriedhof statt, und Geli wurde in der Notgruft Linke Arkade Nr. 9 gegenüber der Karl-Lueger-Gedächtniskirche beigesetzt. Bei einer Notgruft handelt es sich um eine Grabstelle der Stadt Wien, die für die zwischenzeitliche Beisetzung von Verstorbenen auf bestimmte Zeit gemietet werden kann, falls das endgültige Grab noch nicht zur Verfügung steht. Hitler nahm an Gelis Beerdigung nicht teil – nicht etwa, weil er »dazu physisch und psychisch nicht in der Lage war«, wie Leo Raubal im Jahre 1967 behauptete. Der wahre Grund: Er wollte keine Parteiveranstaltung absagen. Am Tag der Bestattung fuhr er nach Hamburg und fühlte sich physisch und psychisch sehr wohl in der Lage, tags darauf vor 10 000 Anhängern eine zündende Rede zu halten. Erst ein Jahr später besuchte Hitler ihr Grab in Wien.

Auch dass Hitler aus Pietät plötzlich Vegetarier geworden sei, trifft nicht zu. Schon 1924 lebte er vorwiegend fleischlos, und die Gründe dafür waren profaner Natur: »Ich habe, solange ich Fleisch gegessen habe, ungeheuer geschwitzt; in einer Versammlung habe ich 4 Mass Bier getrunken, dabei aber 9 Pfund abgenommen. Als ich Vegetarier geworden bin, brauchte ich nur ab und zu noch einen Schluck Wasser.«

„Geli wurde in der Notgruft Linke Arkade Nr. 9 gegenüber der Karl-Lueger-Gedächtniskirche beigesetzt …“

Gelis Zimmer blieb unverändert und unbenutzt. Zu einem Kult- und Sakralraum wurde es jedoch nicht. So stellte Hitler 1932 Henriette von Schirach, als sie sich nach dem Hochzeitsessen in Hitlers Wohnung umziehen wollte, Gelis Zimmer zur Verfügung. Die Mär, dass sich der »Führer« jedes Jahr zu Weihnachten zurückzog, um in Gelis Zimmer der Toten zu gedenken, beruht nur auf den Memoiren des wenig wahrheitsliebenden Dieners Krause. Die Möbel von Gelis Zimmer hat Hitler in seinem Testament vom 2. Mai 1938 ausdrücklich erwähnt: »Die Einrichtung des Zimmers in meiner Münchner Wohnung, in dem meine Nichte Geli Raubal wohnte, ist meiner Schwester Angela zu übergeben.« Der Bildhauer Ferdinand Liebermann musste eine Büste von Geli anfertigen, die dann in der Neuen Reichskanzlei aufgestellt wurde. Der von Hitler geschätzte Maler Adolf Ziegler schuf von der Nichte des »Führers« ein Gemälde nach einer Fotografie, das, stets mit Blumen geschmückt, einen Ehrenplatz auf dem Berghof erhielt.

Im November 1933 traf Hitler bei der Feier des 10-jährigen Jubiläums des Münchner Putsches zufällig den »alten Kämpfer« und Weggenossen Emil Maurice wieder, der inzwischen Stadtrat von München geworden war. Die tote Geli war kein Thema mehr und die beiden erneuerten ihre Freundschaft. Maurice stellte dem »Führer« seine Freundin vor, die er im Münchner Fasching kennen gelernt hatte. Alle Welt erfuhr, wie Hitler um seine Nichte trauerte. Was die Verstorbene dem Onkel tatsächlich bedeutete, welche Wertschätzung er für die Tote empfand, wird aus den nüchternen Tatsachen deutlich. Der »Führer und Reichskanzler« hielt es nämlich nicht für notwendig, für die geliebte Geli eine Grabstätte anzukaufen oder einen Grabstein errichten zu lassen. So blieb der Sarg mit den sterblichen Überresten der Angela Raubal in der Notgruft der Gemeinde Wien. Zunächst schickte man noch das Entgelt für die Benutzung des Provisoriums. Ab Januar 1938 stellte man sogar das ein.

„Alle Welt erfuhr, wie Hitler um seine Nichte trauerte …“

Von der Schuld an Gelis Tod hat die Familie Raubal Hitler freigesprochen und auch die Mutter des Mädchens blieb ihrem Halbbruder weiter herzlich verbunden. Im Dritten Reich galten Diskussionen über den Selbstmord der Nichte des »Führers« als unerwünscht. Hitler selbst wurde nicht müde, den tragischen Tod der Nichte voll Pathos auszuschlachten. Er ließ durchblicken, dass Geli die einzige Frau gewesen sei, die er geliebt habe, und er sich nun mit Deutschland verheiratet fühle.

Als im Mai 1945 amerikanische Soldaten in Hitlers Wohnung am Prinzregentenplatz eindrangen, fanden sie das Zimmer Gelis, wie es im Jahre 1931 nach ihrem Selbstmord belassen worden war. Am 11. März 1946 wurde Geli dann »bestimmungsgerecht« aus der Notgruft exhumiert und in einem Reihengrab auf Staatskosten bestattet. Ein Journalist auf »Geli-Raubal-Spurensuche« fand noch 1967 den – vermutlich nie aufgestellten – Grabstein mit der Inschrift: »Hier schläft in ewiger Ruhe unser geliebtes Kind Geli. Sie war unser Sonnenschein. Geboren am 4. 6. 1908 – gestorben am 18. 9. 1931. Familie Raubal«.

„Amerikanische Soldaten fanden das Zimmer Gelis, wie es im Jahre 1931 nach ihrem Selbstmord verlassen worden war …“

In der Nachkriegszeit wurde die Debatte um den mysteriösen Selbstmord durch Hitler zugeschriebene Aktzeichnungen von Geli aufgeheizt, die Konrad Kujau gefälscht hatte. Neue Ergebnisse gab es keine. 1985 lag dem Wiener Restaurator Hans Horvath derart viel an der Klärung des Falls, dass er zur Tat schritt. Auf eigene Kosten bestellte er gerichtsmedizinische Gutachten, erwarb ein Ersatzgrab und beantragte die Exhumierung von Geli Raubal, »weil die Öffentlichkeit das Recht hat, geschichtliche Ereignisse lückenlos aufgeklärt zu wissen«. Das mit großem Engagement betriebene Vorhaben scheiterte jedoch an den Behörden: »Dieses Reihengrab [der Angela Raubal] war – wie alle anderen gemeinsamen Gräber – nur für einen Bestand von zehn Jahren vorgesehen; die Gruppe wurde in der Zwischenzeit planiert und umgestaltet. Eine örtliche Eruierung der Grabstelle ist nicht mehr möglich.«

Das verhängnisvolle Erbe des John F. Kennedy

Wie sich Amerika in den Vietnam-Krieg verstrickte

Von Sven Parplies

Südvietnam, 1. November 1963. Es ist früher Nachmittag, als vor dem Präsidentenpalast in der Hauptstadt Saigon Panzer vorfahren. Soldaten beziehen Stellung. Ein Militärputsch! Staatspräsident Ngo-Dinh-Diem lehnt Verhandlungen mit den Verschwörern ab, ruft hektisch in der US-Botschaft an, wird dort aber kalt abgewiesen. Am Abend flieht Diem mit seinem Bruder Nhu durch einen Geheimgang. Am nächsten Tag werden beide von den Putschisten ermordet. Im Weißen Haus in Washington tagt während dieser Vorkommnisse der Krisenstab. Auf dem Kabinettstisch liegen Stadtpläne von Saigon. Immer wieder treffen über Fernschreiber neue Meldungen ein. Der Staatsstreich kam für Präsident John F. Kennedy nicht überraschend. Seit Wochen hielt die US-Regierung Kontakt zu den Putschisten. Dennoch erschüttert die Nachricht von Diems Tod den Präsidenten: »Auf seinem Gesicht war ein solcher Ausdruck von Schock und Entsetzen, wie ich ihn nie zuvor gesehen hatte«, erinnert sich Stabschef Maxwell Taylor später. Taylor selbst verzieht keine Miene. »Was hat er erwartet?«, murmelt der General, als Kennedy aus dem Raum stürmt.

Drei Wochen später war auch John F. Kennedy tot. Bei einer Wahlkampftour durch Dallas schoss ihn ein Attentäter nieder. Der Krieg in Vietnam ging weiter. Kennedys Nachfolger Lyndon B. Johnson fällte eine schicksalhafte Entscheidung: Er beorderte US-Truppen nach Vietnam. Der Konflikt weitete sich aus zur vielleicht schlimmsten Tragödie der amerikanischen Geschichte – zum moralischen Bankrott einer Großmacht, die mit Bomben ein kleines Land ins Elend stürzte und dabei seine eigenen Ideale verriet. Doch Vietnam war nicht allein Johnsons Krieg. Die Weichen hatte ein anderer gestellt: John F. Kennedy.

Für Millionen Amerikaner war Kennedy ein Hoffnungsträger. Jung, charmant, gebildet, voller Tatendrang und Idealismus, so hatte er sich stets in der Öffentlichkeit präsentiert. »Wir stehen an einer neuen

Grenze – einer Grenze noch unbekannter Möglichkeiten und Wege, einer Grenze noch unerfüllter Hoffnungen und Bedrohungen«, hatte Kennedy seinen Anhängern zugerufen. Die »Neue Grenze« wurde zum Leitgedanken vor allem der jungen Generation: Kampf gegen Armut, Rassendiskriminierung und Tyrannei, die Eroberung des Weltraums, das alles verhieß Kennedys kraftvolle Rhetorik. »Man spürte eine Erregung, wie sie von neuen Männern mit neuen Ideen ausgeht, das Freisetzen von Energie... einen Augenblick lang glaubten wir, die Welt ließe sich verändern und die Zukunft wäre ohne Grenzen«, schwärmte der Harvard-Historiker Arthur M. Schlesinger, den Kennedy als Berater ins Weiße Haus geholt hatte.

Kennedy regierte nur 1000 Tage: Die Invasion in der Schweinebucht, die Kubakrise, Martin Luther Kings Marsch auf Washington, der Bau der Berliner Mauer und ein sich verschärfender Konflikt in Vietnam fielen in diese Zeit. Nicht immer war Kennedys Krisen-Management erfolgreich. Die Invasion in der Schweinebucht endete als Desaster, die Passivität der US-Regierung beim Bau der Berliner Mauer verbitterte viele Westdeutsche. Dennoch war Kennedy ein populärer Präsident und nach seinem Tod steigerte sich die Bewunderung zum Heiligenkult. Doch es gab auch kritische Stimmen: Der Historiker Richard Walton etwa nannte Kennedy »den gefährlichsten kalten Krieger, den wir seit Ende des Zweiten Weltkrieges hatten«.

„Nicht immer war Kennedys Krisen-Management erfolgreich ...“

1951 war Kennedy erstmals nach Vietnam gereist. Er war damals 34 Jahre alt und Mitglied des US-Repräsentantenhauses. Schon damals hatte der junge Mann aus Boston, Sohn eines Multimillionärs, ein festes Ziel: Er wollte Präsident der USA werden. Und die Außenpolitik schien dazu der beste Weg. Schon damals wurde in Vietnam getötet. Ho-Chi-Minh (1890–1969), charismatischer Anführer der vietnamesischen Kommunisten, lenkte den Unabhängigkeitskampf gegen die Kolonialherrschaft der Franzosen. Kennedy räumte ihnen keine Chance ein, die Rebellion niederzuschlagen.

Im April 1954 sollte sich Kennedys Prognose bewahrheiten. In der Bergfestung Dien-Bien-Phu im Norden Vietnams kapitulierte nach erbittertem Kampf eine französische Eliteeinheit. Die Sieger hissten die rote Fahne mit dem gelben Stern – das Zeichen der vietnamesischen

Kommunisten. Ho-Chi-Minh schien am Ziel seiner Träume: Ein Vietnam unter kommunistischer Führung war greifbar nah.

Doch der Einfluss der Großmächte war noch nicht gebrochen. Es war die Zeit des Kalten Krieges. Sowjets, Chinesen, Engländer, Franzosen und Amerikaner – sie alle stritten um die Vorherrschaft in Südostasien. Auf einer Friedenskonferenz in Genf setzten sie die Teilung Vietnams entlang des 17. Breitengrades durch. Ho-Chi-Minh musste sich mit der Herrschaft im Norden begnügen. Dort errichteten seine Gefolgsleute mit Hilfe von Sowjets und Chinesen eine »Volksdemokratie«: Wer sich der Zwangskollektivierung der Landwirtschaft widersetzte, wurde abgeurteilt. Über eine Million Vietnamesen flohen in den Süden, wo sich dank US-Unterstützung das prowestliche Regime von Staatspräsident Ngo-Dinh-Diem durchsetzte.

Für den damaligen US-Präsidenten Dwight D. Eisenhower war Vietnam ein Schlachtfeld für den Kampf zwischen Demokratie und Kommunismus, zwischen Freiheit und Diktatur. Damals diktierte die »Domino-Theorie« die amerikanische Außenpolitik: Ein Sieg der Kommunisten in einem Land werde den Zusammenbruch der ganzen Region nach sich ziehen, glaubten die Strategen im Weißen Haus. Der erste Dominostein in Südostasien war bereits gefallen: Maos Kommunisten hatten die Macht in China übernommen. Jetzt stand Vietnam auf dem Spiel und nach Überzeugung der US-Regierung auch die Sicherheit der Vereinigten Staaten. Deshalb unterstützte Eisenhower Diem mit Geld und Waffen. Dass dessen Regime wenig von Demokratie hielt und Oppositionelle ähnlich brutal unterdrückte, wie es die Kommunisten im Norden taten, schien Washington nicht zu belasten: »In den Augen der meisten Amerikaner«, urteilt der Historiker und Vietnamexperte George Herring, »machte der rigorose Antikommunismus des Präsidenten (Diem) seine sonstigen Unzulänglichkeiten mehr als wett.«

> **»Der erste Dominostein in Südostasien war bereits gefallen …«**

Schon bald zeigte sich, dass die USA Südvietnam nicht stabilisieren konnten. Während Ho-Chi-Minh von der Propaganda des Nordens als »Onkel Ho« verklärt und als Befreier auch im Süden immer populärer wurde, wuchs der Druck auf das Regime Diems. Dieser stützte seine Herrschaft fast ausschließlich auf die Armee und eine kleine katholische Oberschicht. In der zu 90 Prozent buddhistischen Bevölkerung hatte Diem nur eine schmale Basis. In seiner Regierung vertraute er vor allem auf seinen Familien-Clan mit seinem Bruder, dem despotischen Sicherheitschef Ngo-Dinh-Nhu.

Die wirtschaftlichen und sozialen Spannungen Südvietnams mündeten Ende der 50er Jahre in einen Bürgerkrieg. Zunächst waren es vereinzelte Übergriffe südvietnamesischer Kommunisten, die in der Landbevölkerung Sympathisanten anwarben und Anschläge verübten. Immer größer wurden die Gebiete, in denen die Regierung die Kontrolle verlor. Ab 1960 erhielten die Rebellen Unterstützung von Guerilla-Kämpfern Ho-Chi-Minhs, die zu Tausenden in den Süden einsickerten.

» Die wirtschaftlichen und sozialen Spannungen Südvietnams mündeten Ende der 50er Jahre in einen Bürgerkrieg … «

Auf politischer Ebene schlossen sich die Widerstandsgruppen Südvietnams in der Nationalen Befreiungsfront FNL (Front National de Libération du Vietnam-Sud) zusammen, die von Kommunisten bestimmt wurde, aber auch im Bürgertum, bei Buddhisten und Mitgliedern einflussreicher Sekten Unterstützung fand. Die FNL, im Westen als Vietcong (vietnamesische Kommunisten) bezeichnet, forderte den Rücktritt Diems, eine Landreform zugunsten der Kleinbauern und die Wiedervereinigung Vietnams.

Trotz massiver US-Unterstützung schien der Sturz der Regierung in Saigon nur noch eine Frage der Zeit. Als der Republikaner Eisenhower im Januar 1961 die Amtsgeschäfte an den Demokraten John F. Kennedy übergab, mahnte er seinen Nachfolger, eine Ausbreitung des Kommunismus in Südostasien unbedingt zu verhindern. Wie dieses Ziel erreicht werden solle, sagte Eisenhower nicht.

John F. Kennedy war mit 43 Jahren der jüngste gewählte Präsident in der Geschichte der USA. Er trat an mit dem Versprechen, Amerika aus der politischen Lethargie zu befreien. In der Außenpolitik setzte der neue Mann freilich auf Bewährtes: auf kompromisslosen Antikommunismus. »Jede Nation, ob sie uns gut oder böse will, soll wissen, dass wir jeden Preis zahlen, jede Last tragen, jedes Opfer bringen, jeden Freund unterstützen, uns aber jedem Feind widersetzen werden, um den Fortbestand und den Erfolg der Freiheit zu sichern«, gelobte Kennedy in seiner Antrittsrede.

Als junger Abgeordneter hatte sich Kennedy gegen eine Militärhilfe für die französischen Kolonialherren ausgesprochen: Damit könne man keinen »Feind besiegen, der überall und nirgends ist, einen Feind ..., der die Sympathie und heimliche Unterstützung des Volkes hat.« Prophetische Worte, an die sich Kennedy später nicht mehr erinnern wollte. Für ihn waren die USA in Vietnam keine Kolonialmacht wie zuvor die Franzosen, sondern ein Freund, der das Land im Kampf gegen die Kommunisten unterstützte. Und wie Eisenhower glaubte Kennedy an die Domino-Theorie. Um seine Entschlossenheit zu demonstrieren, schickte er Vizepräsident Lyndon B. Johnson nach Saigon. Der Texaner glaubte fest an die strategische Bedeutung Vietnams: Würden die USA dort das Handtuch werfen, müssten sie ihre Verteidigungslinie bis nach San Francisco zurückziehen, warnte er. Um diese Zeit startete Kennedy einen geheimen Untergrundkrieg: Südvietnamesische Agenten, ausgebildet und bewaffnet durch den CIA, drangen nach Nordvietnam ein, um dort Verkehrsverbindungen, Fabriken und Militäreinrichtungen zu sabotieren.

»Als junger Abgeordneter hatte sich Kennedy gegen eine Militärhilfe für die französischen Kolonialherren ausgesprochen ...«

Trotz aller Aktivität gab es in der US-Regierung unterschiedliche Vorstellungen, wie der Konflikt beendet werden könne. Die Armeeführung drängte, Truppen nach Südvietnam zu entsenden. Dies sei der einzige Weg, die kommunistische Unterwanderung zu stoppen. Zivile Berater waren für einen geordneten Rückzug: Es sei zweifelhaft, ob Diems Regime überhaupt eine Überlebenschance habe, egal wie intensiv es von den USA unterstützt werde. Der beste Weg sei deshalb, über Verhandlungen mit der Sowjetunion eine diplomatische Lösung anzustreben.

Kennedy wählte einen Mittelweg, der langfristig fatale Folgen hatte: Er ordnete an, die Zahl der Militärberater zu erhöhen, die Finanzhilfe aufzustocken und die Waffenlieferungen auszuweiten. Dadurch wurden die USA immer tiefer in den Konflikt verstrickt. Die Zahl der

Militärberater stieg in zweieinhalb Jahren von rund 700 auf etwa 16500. Offiziell sollten die Amerikaner lediglich Südvietnamesen ausbilden, damit diese sich selbst verteidigen konnten.

Tatsächlich griffen US-Soldaten als Piloten in Hubschraubern und Bombern aktiv in den Krieg ein. Diese Verwicklung der »Ausbilder« in die Kämpfe wurde vom Weißen Haus zunächst geleugnet, später verharmlost. Die Ausbildung der Südvietnamesen finde manchmal unter »Kampfbedingungen« statt, erklärte Verteidigungsminister Robert McNamara auf einer Pressekonferenz. Doch bereits unter Kennedy starben 78 US-Soldaten im vietnamesischen Dschungel, über 500 wurden verletzt. Schon damals setzten US-Piloten Napalm und Landminen ein.

„Bereits unter Kennedy starben 78 US-Soldaten im vietnamesischen Dschungel, über 500 wurden verletzt …“

Das größte Problem blieben Staatspräsident Diem und dessen Bruder Nhu, die hartnäckig demokratische Reformen verweigerten. Das von Vetternwirtschaft und Korruption bestimmte Regime machte es der FNL leicht, unzufriedene Männer und Frauen anzuwerben. Im Januar 1962 rief Kennedy ein Spezialprogramm zur Bekämpfung der Guerillas ins Leben. Zentraler Punkt war die Errichtung so genannter Wehrdörfer: Bewohner aus gefährdeten Gebieten sollten in befestigte Dörfer umgesiedelt werden, wo sie der Propaganda der FNL entzogen waren. Gezielte Förderprojekte sollten die Lebensverhältnisse in diesen Dörfern verbessern, um so »Herz und Verstand« der Menschen zu gewinnen. Das in der Theorie viel versprechende, in Malaysia erfolgreich erprobte Modell erwies sich in Vietnam als Fehlschlag. Ein großer Teil des von den USA bereitgestellten Geldes versackte in den dunklen Kanälen der Saigoner Verwaltung und erreichte die Bauern nicht. Und die zwangsweise Umsiedlung in die Wehrdörfer verstärkte den Hass auf die Regierung.

Ein buddhistischer Mönch war es schließlich, der das Ende Diems einleitete. Der Mann hieß Quang Duc. Am 11. Juni 1963 setzte er sich im Berufsverkehr von Saigon auf einer Straßenkreuzung nieder. Ein zweiter Mönch übergoss ihn mit Benzin und entzündete ein Streichholz. Zehn Minuten loderten die Flammen, dann sackte der verkohlte Körper Quang Ducs auf dem Asphalt zusammen. Die Bilder der

Selbstverbrennung gingen um die Welt. Kennedy sah sie beim Frühstück im Weißen Haus, als sein Blick auf die Morgenzeitungen fiel. »Jesus Christus«, entfuhr es ihm. Madam Nhu, die Schwägerin Diems, sprach öffentlich von einem »Barbecue« und steigerte damit die Wut der Menschen.

Der Bürgerkrieg in Südvietnam trat in eine neue Phase. Lange war der Widerstand von der kommunistisch beeinflussten Landbevölkerung getragen worden – jetzt griffen die Unruhen auf die Städte über. Auslöser waren Demonstrationen südvietnamesischer Mönche, die im Mai 1963 den 2527. Geburtstag Buddhas feiern wollten. Diem sah darin eine Provokation, Madame Nhu beschuldigte die Mönche der Konspiration mit den Kommunisten. Als bei einer Kundgebung in der alten Kaiserstadt Hué die in Südvietnam verbotenen Fahnen der Buddhisten gezeigt wurden, schoss Nhus Sicherheitspolizei in die Menge. Neun Demonstranten wurden getötet. Die Unruhen breiteten sich aus, Studenten schlossen sich den Mönchen an, in der Armee gärte es. Im Herbst 1963 stand Kennedy vor den Trümmern seiner Vietnam-Politik. In zweieinhalb Jahren war es ihm nicht gelungen, die Regierung in Saigon zu stabilisieren. Im Gegenteil: Die kommunistischen Untergrundkämpfer hatten ihren Einfluss ausbauen können. Auch innenpolitisch stand Kennedy unter Beschuss: Die Opposition warf ihm Versagen vor. Im Weißen Haus wuchsen die Spannungen, denn der Präsident und seine Berater konnten sich nicht auf eine gemeinsame Linie einigen. Justizminister Robert Kennedy, der Bruder des Präsidenten, stellte die Schlüsselfrage: ob es nicht die beste Lösung für die USA wäre, sich aus Vietnam zurückzuziehen.

„Im Herbst 1963 stand Kennedy vor den Trümmern seiner Vietnam-Politik …“

Tatsächlich gab es im Sommer 1963 Ansatzpunkte für eine friedliche Lösung. Nach dem Schock der Kuba-Krise hatte sich das Verhältnis zwischen den USA und der UdSSR entspannt. Beide Seiten einigten sich auf ein Abkommen zum Stopp von Atomtests. Der Bruch zwischen der Sowjetunion und China verbesserte die strategische Position der USA. Frankreichs Staatspräsident Charles de Gaulle bot sich als Vermittler in Vietnam an. Doch Kennedy winkte ab und schwenkte auf Konfrontationskurs mit dem Diem-Clan. Nicht nur das skrupellose Vorgehen gegen Demonstranten verärgerte Washington. Für Wirbel sorgten CIA-Berichte, wonach Diems Bruder Nhu Kontakt mit der Regierung in Nordvietnam aufgenommen hatte, um über eine Wiedervereinigung des Landes zu verhandeln. Und im August 1963 holte das Diem-Regime zu einem neuen Schlag gegen die Opposition aus.

Südvietnamesische Spezialeinheiten, ausgerüstet mit US-Waffen, stürmten in zahlreichen Städten die buddhistischen Tempelanlagen. Allein in Hué wurden 30 Menschen getötet, mehr als 200 verwundet. Wenige Tage später nahm eine Gruppe südvietnamesischer Generäle Kontakt zum CIA auf. »Die Armee ist bereit, den Präsidentenpalast zu übernehmen, sie scheint nur auf ein Nicken der Amerikaner zu warten«, meldete der Geheimdienst nach Washington. Dort traf die Nachricht der Putschpläne an einem Wochenende ein. Kennedy erholte sich gerade auf dem Feriensitz seiner Familie in Hyannis Port, McNamara war zum Bergsteigen in Wyoming. Im Weißen Haus ergriffen die Spitzen des Außenministeriums die Initiative. Nach Absprache mit Kennedy instruierten sie den US-Botschafter in Saigon, Henry Cabot Lodge. Dieser solle Diem auffordern, Sicherheitschef Nhu zu entlassen und die Repressalien gegen die Buddhisten aufzuheben. Falls sich Diem weigere, habe Lodge freie Hand: »Sie werden verstehen, dass wir Ihnen aus Washington keine genauen Instruktionen geben können …, aber Sie sollten wissen, dass wir jede Aktion billigen, die hilft, unsere Ziele zu erreichen«, hieß es in dem Fernschreiben – grünes Licht für den Staatsstreich.

» Für Wirbel sorgten CIA-Berichte, wonach Diems Bruder Nhu Kontakt mit der Regierung in Nordvietnam aufgenommen hatte, um über eine Wiedervereinigung des Landes zu verhandeln … «

Damit hatte die US-Regierung nur scheinbar eine klare Position bezogen: Das Kabinett war tiefer denn je zerstritten. Am folgenden Montag gerieten die Präsidentenberater aneinander. Verteidigungsminister McNamara, der nicht rechtzeitig über das Fernschreiben informiert worden war, fühlte sich hintergangen. Wie andere Kabinettsmitglieder glaubte er, es gebe keine Alternative zu Diem. Ein Putsch würde das

Chaos in Südvietnam nur vergrößern und die Wahrscheinlichkeit eines Sieges der Kommunisten vergrößern. »Mein Gott, mein Kabinett bricht auseinander«, raunte Kennedy in einer Sitzungspause. Nur mit Mühe gelang es ihm, seine Berater auf den Kurs vom Wochenende einzuschwören. Dann aber zögerten plötzlich die südvietnamesischen Generäle. Als im Oktober 1963 die Putschpläne konkrete Formen annahmen, stritten in der Kennedy-Regierung wieder die Gegner und Befürworter eines Staatsstreiches. Entsprechend unverbindlich klang diesmal die Anweisung an Botschafter Lodge: Die USA wollten nicht zu einem Staatsstreich ermuntern, hätten aber auch nicht die Absicht, einen solchen zu verhindern.

Kennedy blieb bis zuletzt unsicher. Sollte der Putsch scheitern, würde die Verstrickung der USA offenbar. Diem würde die Kooperation mit Washington kündigen, ein Sieg der Kommunisten in Vietnam wäre unausweichlich. Und das knapp ein Jahr vor den Präsidentschaftswahlen! Doch auch ein erfolgreicher Putsch bot keine Garantie für mehr Stabilität. Das Risiko war groß und Kennedy dachte pragmatisch: Er »wäre Diem gerne losgeworden, wenn er jemand Passenden bekommen konnte, um ihn zu ersetzen. Er war dagegen, ihn loszuwerden, ehe man nicht wusste, was danach kommen würde«, beschrieb Robert Kennedy später die Haltung seines Bruders. Der Präsident gab also keine direkte Anweisung, sondern überließ die Initiative seinem Botschafter in Saigon. Und Lodge, das wusste Kennedy, wollte den Sturz Diems. Durch den Geheimdienst stand der Botschafter in engem Kontakt mit den Verschwörern. »Ein Putsch steht offenbar kurz bevor«, meldete Lodge am 29. Oktober nach Washington. Und: Die letzten Fernschreiben an die US-Botschaft waren nicht mehr von Kennedy unterzeichnet worden, sondern von Sicherheitsberater McGeorge Bundy. Es sollte keine schriftlichen Spuren zum Präsidenten geben.

„Der Präsident gab also keine direkte Anweisung, sondern überließ die Initiative seinem Botschafter in Saigon …“

In einem Gespräch mit dem New Yorker Kardinal Francis Spellman, lange Zeit prominenter Fürsprecher Diems in den USA, gab Kennedy später zu, er habe gewusst, dass der Staatspräsident von den

Putschisten wahrscheinlich getötet würde, sich aber außer Stande gesehen, die Geschehnisse zu kontrollieren. Der Historiker Herbert Parmet konnte mittlerweile belegen, dass der US-Präsident mindestens einen Versuch unternahm, Diem zu warnen. Kennedy schickte einen engen Freund, den Kongress-Abgeordneten Torbert Macdonald, in geheimer Mission nach Saigon. Macdonald habe zu Diem gesagt: »Die werden Sie töten. Sie müssen da vorübergehend raus und in der amerikanischen Botschaft Schutz suchen.« Diem jedoch, blind für die Zustände in seinem Land, ignorierte die Warnung. Es war sein Todesurteil. »Es ist wahrscheinlich, dass keiner der amerikanischen Repräsentanten Diems Tod wünschte«, urteilt der Historiker Thomas Reeves. Kennedy aber habe es versäumt, bei den Putsch-Absprachen sein Einverständnis davon abhängig zu machen, dass das Leben Diems verschont werde.

Mit ihrem Staatsstreich gegen Diem stürzten die Verschwörer Südvietnam endgültig ins Chaos. Allein 1964 wurde die Regierung in Saigon sieben Mal durch gewaltsame Eingriffe der Armee umgebildet. Kennedys Nachfolger Johnson schickte, um den Zusammenbruch des Bündnispartners zu verhindern, Truppen nach Vietnam und gab damit dem Engagement in Südostasien eine neue Dimension – die USA trugen jetzt selbst die Hauptlast des Krieges. Während die Luftwaffe Ziele im Norden bombardierte, versuchten amerikanische Bodentruppen im Dschungel die Kämpfer der FNL zu stellen. Bis Januar 1969 stieg die Zahl der US-Soldaten in Vietnam auf 543 000 Mann. Trotz drückender materieller Überlegenheit gelang es ihnen nicht, den Widerstand der FNL und Nordvietnams zu brechen.

„Mit ihrem Staatsstreich gegen Diem stürzten die Verschwörer Südvietnam endgültig ins Chaos …“

Am Morgen des 31. Januar 1968, dem Tag des vietnamesischen Neujahrsfestes Tet, verwüstete eine Bombe die US-Botschaft in Saigon. Zeitgleich stürmten über 80 000 Guerilla-Kämpfer die Städte Südvietnams. Washington wurde von der Offensive überrascht und die amerikanische Öffentlichkeit reagierte geschockt. Johnson hatte stets betont, ein Sieg sei greifbar nah – die Bilder der Straßenkämpfe bewiesen das Gegenteil. Die Glaubwürdigkeit des Präsidenten war ruiniert, der Widerstand gegen den Krieg wuchs.

Mit John Lennons Hymne »Give peace a chance« forderte vor allem die Jugend immer energischer einen Rückzug der USA aus Vietnam. Berichte über Kriegsverbrechen amerikanischer Soldaten heizten die Stimmung zusätzlich auf. Wegen der Proteste in der Heimat und der militärischen Rückschläge an der Front verzichtete Johnson im März 1968 auf eine erneute Kandidatur. Und sein Nachfolger Richard Nixon glaubte nicht an den Sieg, er wollte einen »ehrenhaften Frieden«. Schrittweise zog er die US-Soldaten aus Vietnam ab, intensivierte aber die Luftangriffe, um Nordvietnam bei den Friedensgesprächen in Paris unter Druck zu setzen.

Als im Januar 1973 endlich ein Waffenstillstand vereinbart wurde, war für die USA der Krieg beendet, doch die südvietnamesische Regierung hatte ohne amerikanische Unterstützung keine Zukunft. Nach einer Feuerpause flammten die Kämpfe wieder auf. Am 1. Mai 1975 marschierte die nordvietnamesische Armee in Saigon ein. Die US-Regierung konnte mit Mühe die letzten Amerikaner aus der Stadt evakuieren. Ihre südvietnamesischen Verbündeten wurden zurückgelassen und der Rache der Sieger ausgeliefert.

»Die südvietnamesische Regierung hatte ohne amerikanische Unterstützung keine Zukunft ...«

Im Vietnamkrieg starben 58000 US-Soldaten. Rund zwei Millionen Vietnamesen wurden getötet.

Bis heute hält sich die Legende, Kennedy habe die Militärberater nach der Wahl 1964 aus Vietnam abziehen und eine Eskalation des Krieges verhindern wollen. Sie basiert auf einem angeblichen Gespräch Kennedys mit seinem Berater Kenneth O'Donnell und Senator Mike Mansfield. »1965 werde ich einer der unpopulärsten Präsidenten der Geschichte werden. Alle werden mich beschuldigen, ich würde die kommunistische Bedrohung verharmlosen. Aber das ist mir egal. Wenn ich jetzt versuchte, alles aus Vietnam abzuziehen, würden wir eine neue Panik vor den Roten provozieren ..., aber nach meiner Wiederwahl kann ich das riskieren«, zitierte O'Donnell Ende der 60er-Jahre den Präsidenten.

Solche Pläne, wenn es sie wirklich gegeben hat, wären an Zynismus kaum zu überbieten. Man stelle sich vor: Der Präsident deckt einen Staatsstreich, zieht einen Krieg in die Länge und nimmt damit den

Tod von Tausenden Menschen in Kauf – nur um seine Wiederwahl nicht zu gefährden! Robert Kennedy, der engste Vertraute seines Bruders, erklärte nach dessen Tod, von einem Rückzug sei nie die Rede gewesen. Der Präsident sei entschlossen gewesen, in Vietnam zu siegen. Er hinterließ seinem Nachfolger in jedem Fall ein explosives Erbe. Vietnam war wirtschaftlich unbedeutend, ein kleiner Nebenschauplatz des Kalten Krieges. Doch Kennedys scharfe Rhetorik und sein undifferenzierter Antikommunismus ketteten das Prestige der USA an den Kriegsverlauf in Vietnam. Dadurch schränkte der Präsident den Handlungsspielraum seiner Regierung erheblich ein: Er musste in Vietnam Stärke demonstrieren! Darum intensivierte er die Waffenlieferungen an Saigon, deshalb schickte er immer mehr Militärberater in den Dschungel, deshalb ignorierte er im Sommer 1963 den Vermittlungsvorschlag der Franzosen und vergab die Chance, den Konflikt friedlich zu beenden.

„Kennedys scharfe Rhetorik und sein undifferenzierter Antikommunismus ketteten das Prestige der USA an den Kriegsverlauf in Vietnam …“

»Ein Großteil der Tragödie, die sich dann unter Lyndon B. Johnson entwickelte, lässt sich zu den von der Kennedy-Administration konzeptionell und faktisch geschaffenen Voraussetzungen zurückverfolgen«, urteilt der Historiker Reeves. Der Krieg in Vietnam – er war Kennedys finsteres Vermächtnis.

Bildnachweis

S. 6: Neandertaler auf der Mammutjagd (Ausschnitt); © Prof. Burian/Okapia, Frankfurt am Main

S. 18: Druiden-Zeremonie in Stonehenge; © Adam Wollfitt/Corbis, Düsseldorf

S. 30: Das Pyramidenfeld von Gizeh; © Zefa GmbH, Düsseldorf

S. 40: Ramses II. im Streitwagen. Relief in Abu Simbel (Ausschnitt); © Joel Ducange, Agence top/Agentur Focus GmbH, Hamburg

S. 50: Henryk Siemiradzki, ›Phyrne beim Fest des Poseidon‹ (Ausschnitt); © akg-images GmbH, Berlin

S. 60: Filmszene mit Elizabeth Taylor und Rex Harrison in ›Cleopatra‹ (USA 1963, Regie: Joseph L. Mankiewicz); Cinetext Bildarchiv, Frankfurt am Main

S. 70: Lovis Corinth, ›Salome‹ (1900, Ausschnitt); © Artothek, Weilheim

S. 78: Friedrich August von Kaulbach, ›Die Kaiserkrönung Karls des Großen‹ (1861, Ausschnitt); © Artothek, Weilheim.

S. 90: Theodor de Bry, ›Wie der Kaiser von Guayana seine Edelleute zuzurichten pflegt, wenn er sie zu Gast haelt‹, Kupferstich (Ausschnitt); © akg-images GmbH, Berlin

S. 102: Michelangelo Buonarroti, ›Das jüngste Gericht‹ (1536–41, Ausschnitt), Fresko Sixtinische Kapelle, Rom; © akg-images GmbH, Berlin

S. 112: Münchhausens Ritt auf der Kanonenkugel (Hans Albers als Baron von Münchhausen in dem gleichnamigen Film 1943); © Cinetext Bildarchiv, Frankfurt am Main

S. 122: Paul Verlaine, Portrait mit Absinth-Glas; © Keystone Pressedienst, Hamburg

S. 132: Geli Raubal mit Adolf Hitler bei einem Sommerausflug (Fotoarchiv Hoffmann); © Bayerische Staatsbibliothek, München

S. 146: Vietnamkrieg. US-Soldaten bergen einen verwundeten Kameraden; © action press GmbH, Hamburg